恋愛、お金、人間関係、
すべてが望み通りになる

# 愛の引き寄せ7つのレッスン

マリアージュカウンセラー
斎藤芳乃

マイナビ

はじめに

# あなたには運命を変える力がある

もしも今、あなたが自分の人生について、思いどおりになっていなかったり、愛する人と巡り会えていなかったり、職場でつらい思いをしていたり、思ったようなお給料が手に入っていなかったとしても、それでも今ここから、人生を180度変えることができます。

その理由は、あなたはすでに、運命を変える力を持っているからです。

その力の名前は、潜在意識。

潜在意識は、私たちの中にある過去のあらゆる記憶や情報のことです。私たちの現実は、この潜在意識を元にしてでき上がっています。あなたが不幸だったり苦しいと感じるのは、潜在意識のネガティブな記憶や情報が、それに伴う現実を引き寄せているからなのです。

しかし、潜在意識の情報をポジティブなものに変えることができれば、今まで出会えなかったような素晴らしい男性に巡り会って恋に落ち、親も与えてくれなかった幸せな家庭を持つことも、あなたの才能や人格を認めてくれる職場に転職し、評価され、満足できる収入を得ることもできます。

あなたの潜在意識が変化したからこそ、それにふさわしい現実と引き合うようになるのです。

でも、潜在意識の書き換えって難しいことのように思えますよね。

大丈夫。実は、今まで私が関わらせていただいたクライアント様たちは、「奇跡」と呼ばれるような引き寄せをたくさん行なってきました。

しかし、それは難しい修行や心理学のロジックを学んだことで起きたのではなく、

＊過去を思い出しながら、自分にやさしい言葉をかけてあげる（アファメーション）

＊今とは違う幸せな現実を想像する（イメージング）

このふたつだけで、人生を変えられたのです。

本書では、こうして奇跡を起こせるような潜在意識に変わるため、彼女たちが実際にしていた「アファメーション」と「イメージング」をたくさん掲載しています。

そして、ただアファメーションとイメージングをするだけではなく、「今までどんな潜在意識だったから、不幸を引き寄せてしまっていたのか」「どこをどう変えれば、潜在意識が書き換わるのか？」というメカニズムを、7つのポイントに絞って、分かりやすくお伝えしています。

今まで潜在意識や心理学が分からなかった方でも順序立てて説明してありますから、引き寄せは初めてという方も手にとっていただけると思います。


今まで苦しみながら、たくさんの努力をしてきたと思います。人のことを思いやりながら、自分よりも他人のことを優先してきたかもしれません。でももう充分です。

あなたがこの本のアファメーションを唱え、新しいイメージングができた瞬間、今までのあなたの努力や苦しみはすべて報われます。評価してもらったり、異性から愛されたり、お給料が上がったり、やさしくされたりという目に見えた形となって現れます。

なぜなら、あなたが気づかなかっただけで、あなたには、180度人生を変える「幸せの基」が、すでに潜在意識に眠っているのです。「まったく別の自分になるために努力をする」のではなく、「もともと素晴らしかった、幸せにふさわしい自分に戻る」これが、本書の引き寄せの本質です。

それでは、あなたの潜在意識を幸せな方向へと目覚めさせ、まるで別人のように美しいあなたに生まれ変わる引き寄せのプロセスを、これから一緒に歩んでいきましょう。

斎藤芳乃

*Contents*

はじめに
あなたには運命を変える力がある …… 3

潜在意識を書き換えれば、本当のあなたの人生が一気に花開く

潜在意識は「アファメーション」と「イメージング」で書き換えられる …… 14
不幸なとき、潜在意識では何が起きているの？ ネガティブな記憶と情報が不幸と引き合う …… 16
人生を生まれ変わらせる「自分へのアファメーション」 …… 19
アファメーションとは「愛」。運命を変える愛の魔法 …… 22
人生を0からやり直すために必要な7つの要素〜現実を書き換えるための7つの情報〜 …… 24
潜在意識をつくっている7つの要素を根こそぎ変える方法 …… 34
自分の中が180度変われば、運命も180度変わる …… 38

第1章

# 私という命をまるごと愛し、運命から愛される「自尊心」

すべての引き寄せの根底にあるのは「自分の命に対する敬意（自尊心）」 44
「私はここに存在していい」と思うことで起きる奇跡 46
自分の価値を認めれば周囲から認められる方法！「心の素晴らしさ」こそが女性の宝 50
あなたの中の「つらい過去の自分」が不幸を引き寄せ続けている 53
過去の痛みを感じている自分を癒せば、生きる世界のすべてが変わる 55
本質と在り方を認めることで、自分と同質の人を引き寄せる 62
セルフイメージを書き換えたら、ふさわしいものを再度選び直す 65
小さな価値観からあなたを自由にすれば、世界が開ける 67
幸せを引き寄せる第一歩。否定する人から自由を取り戻す 69
あなたの愛に見返りを求める。犠牲にならない人生を始める方法 74
子ども時代の自分を癒せば、性格まで180度変わる！ 76
本当の美しいあなたに生まれ変わる～純粋な自分を取り戻すためのアファメーション～ 82
秀でた人などいない。誰もが対等 86
心の底から「私」の価値を感じる方法～あなたに感謝しながら生きる～ 87

一人ぼっちを解消して、今すぐ人とつながる方法 …… 90
怖い人、イヤな人から自分を守り、その人から影響を受けなくなる方法 …… 96
明日を希望の日にするためのおやすみなさいのワーク …… 102
腹の底に隠した怒りが不幸を呼ぶ。幸せになれない苦しみを終わらせる方法 …… 106
神様はいつもあなたがやり直すことを許してくれている …… 111

第2章
## 華やかに生き、愛される女性として生まれ変わる「感受性開花」

気づけば知らないうちに愛されている未来先取り法で愛を現実にする …… 116
女性としての自分を受け入れれば、女性として愛される …… 118
男性から求められるあなたになる方法。男性への価値・信念を変える …… 123
誰もが心の中で求めているやさしい女《ひと》になる。
テクニックではない、あなたの愛のアファメーション …… 127
「どうしてこんなに合うんだろう」と思う最高のパートナーと引き合う法則 …… 131
争いばかり引き寄せていたのはなぜ？　男性のように強くなってしまった理由 …… 133

やわらかい私の感受性を軸にして生きる。心を守りながら女性として愛される方法 …… 135
暴力的な言葉を受け入れていると、暴力的な愛を受け入れてしまう …… 139
もっと女性になりたかった私…愛すべき自分の女性らしさ、女性としての自分をどう育てれば魅力的になれる? …… 144
あなたのネガティブさを愛に変える方法。「恥じらい」という奇跡の魔法 …… 148
オーラ美人になる方法。愛される女性が発しているオーラのつくり方 …… 150
五感で女性らしさと美を広げよう〜五感を使った一人レッスン〜 …… 152
五感で愛を分かち合う〜心地よさを広げる二人レッスン〜 …… 156
私が愛したいからあなたを愛する。愛される女性としての引き寄せマインド・レッスン …… 157
もっとセンシュアルに、花のようなあなたで大切にされる …… 159
「愛してもらう」ことに慣れていく。委ね上手になる女性ほど、尽くされる愛を引き寄せる …… 161
女性としての運命を１８０度変える。愛される生き方とシナリオを選び直す方法 …… 163
「愛され守られる」引き寄せができていないときの対処法。頑張りすぎている自分の癒し方・なだめ方 …… 167
愛し合う幸せを先に手に入れ、愛の世界を私がつくり出す …… 171

第3章
## 最高の縁・愛・お金を引き寄せる「運命逆転の方法」

純粋な「私」がすべてを引き寄せる！　幸せをつくり上げる子どもの頃の自分……178
人間関係を180度変えるのは「許さない覚悟」……183
弱いままでいい。やさしく助けてもらう私になるふたつの勇気……186
2秒で相手の攻撃的な感情から自分を守る方法……189
幸せな人だけがしている自分への質問とは？……192
いつも人に囲まれている幸せな人の生き方……195
不幸な運命のシナリオをあなたの手で書き換える3つの方法……197
「私」の手で未来をつくり上げる！　幸せな運命を今から始めよう……200
手放しが逆効果？ほしいものが手に入る女性の心の習慣……203
「変わる」と決めると、決めた自分にふさわしい縁が引き寄せられる……205
それでもまだ不幸なら……運命を今この瞬間、「最高の方角」へ選び直す！……208
どうして心の価値が「お金」になるの？　あなたにどんどん富が手に入る法則……210
今すぐ「世界の素晴らしさ」だけを受け取り、富と愛をざくざく引き寄せる言葉……216
恋する一瞬がどのように生み出されるのか？　愛の引き寄せのエネルギーの法則……218

今この瞬間、自己価値を高める「潜在意識の許しの祈り」アファメーション……221
引き寄せの核をつくるための質問集「自分軸のつくりかた」……223
現実を変えるための「エネルギー」は満ちていますか？……226
今の現実を「利用」する。受け取れる恩恵だけを受け取る方法……227
すべての願いを叶える究極の方法……228
今が不幸なら、今のすべてを否定して。あなたの幸せは未来にある！……231
「私、あなたが嫌いです」は、私への愛。嫌いの反対の好きが愛を呼ぶ……233
おわりに……238

潜在意識を書き換えれば、
本当のあなたの人生が
一気に花開く

# 潜在意識は「アファメーション」と「イメージング」で書き換えられる

どの女性の中にも存在している素晴らしい感受性と価値。
「私はこの世界にたった一人しかいない」という価値。
愛する人と深く愛し合い、無邪気な子どものように喜びを生み出すあなたの心。
花のように美しいあなたの感受性が開き、心震えるような自分自身に巡り会う。そして、その美しいあなたを見た男性が、あなたに恋をする。

どんな女性の中にも、こうした「本当の私」が存在しています。そして、この本当のあなたが、愛や素晴らしい人間関係や職業を引き寄せてくれます。引き寄せは、誰にでもある自然な力なんですね。

しかし、ほとんどの方が、本当の自分の美しさどころか、自分の個性も感受性も感じられないまま、「どうせダメな私」として生きてしまっています。

なぜ、こんなふうにわざわざ不幸と引き合う生き方をするようになったのでしょうか？

それは、「周囲から与えられた自分を抑えつける制限」や、「自分を小さく思わせられる意見の押しつけ」があったからです。そして、感受性豊かなあなたの心の泉＝潜在意識にたまったネガティブな感情、ネガティブな価値観、ネガティブなセルフイメージ、ネガティブな世界観といった「情報」は、それにふさわしい苦しい現実と引き合うようになってしまったんですね。幸せを引き寄せられないのではなく、不幸だけを引き寄せ続けているのです。

こうした現実を変えていくためには、私たちが勇気をふりしぼって自分の潜在意識の泉にある、自分の苦しみや、自分を苦しめるような情報を取り除いていく必要があります。

そしてそれは、「アファメーション（愛ある言葉がけ）」「イメージング（新しい経験のイメージ）」という方法だけで行なうことができます。

あなたがあなたに向ける愛という名のやわらかい言葉と、自分を解放するような想像。

これだけで、あなたは生まれ変わることができるのです。

# 不幸なとき、潜在意識では何が起きているの？ネガティブな記憶と情報が不幸と引き合う

私たちの現実は、私たちの潜在意識と引き合っています。そして、潜在意識の中には、さまざまな情報が記憶されています。

この情報の中には、いいものも悪いものもあります。もしも「褒められた」「今日もやさしくされた」などのいい記憶があれば問題はありませんが、悪い記憶や苦しい記憶が多いと、それはそのまま現実と引き合ってしまうんですね。

なぜ、そんなことが起きるのでしょうか？　ここで、実際に例を見ていきましょう。

クライアントのKさんは、それまで自分を抑え、人に合わせる人生を生きてきました。優等生でいていい成績をとること、それはKさんの人生というよりも、「Kさんにいい子でいなさいと言った親の人生」になっていました。

Kさんは、たとえば苦しいことがあっても、「あなたが悪いんでしょう」と責められ、泣くことを許されませんでした。涙は勝手に出てしまうもの。でも親の言葉に「私が悪いんだ

な」と思うようになり、涙をがまんするようになりました。そしていつしか、相手の機嫌が悪いのも私のせい、私には親が言うように価値がないと思い込むようになったのです。

このとき、潜在意識には、

○私は何をしても悪い、という自己認識（セルフイメージ）
○この世界には自分を否定する人ばかりがいるという世界観（世界観）
○いつも自分を責め、否定しているときの息苦しい感じ（体感覚）
○私が何かをしたら否定されるんだろうという予測（シナリオ）
○何をしても自分が責められるという強い思い込み（価値・信念）
○自分を責めて責めて苦しい、という感情（感情）
○自分が悪いので、いつも人の顔色を伺わなければならないという態度（在り方）

という7つの情報が書き込まれたのです。

親から責められるという経験をしたことによって、これだけの「自分は責められる人間なんだ」という思い込みと、それに伴うさまざまな情報ができ上がってしまったのです。

すると、潜在意識はこれらの情報に従って、

○私は何をしても悪い、という自己認識（セルフイメージ）→あなたが悪いと責められる
○自分を否定する人ばかりがいるという世界観（世界観）→否定する人たちと出会う
○自分を責め、否定しているときの息苦しい感じ（体感覚）→苦しくなるような出来事
○私が何かをしたら否定されるんだろうという予測（シナリオ）→いつも否定される未来
○何をしても自分が責められるという強い思い込み（価値・信念）→実際に責められる現実
○自分を責めて責めて苦しい、という感情（感情）→苦しくなるような出来事
○自分が悪いので、いつも人の顔色を伺ってしまう態度（在り方）→怒る人、横暴な人

というつらい現実と引き合うようになります。

このように、私たちは過去の記憶から、膨大な情報を引き出し、それに付随した潜在意識を持つようになりました。そして、この潜在意識は大人になってからも、修正しないかぎり、このままの思い込みやシナリオを持ったまま、ずっとこうした人生を送るようになってしまったのです。

## 人生を生まれ変わらせる「自分へのアファメーション」

では、具体的にどうすれば現実が変わっていくのでしょうか？

現実を引き寄せているのは潜在意識の中の記憶と情報です。現実を変えるためには潜在意識の中の記憶と情報を直接変えていけばいいんですね。

そのために必要となるのが癒しです。

なぜ癒しが必要かというと、それは自分の心を慰めるためではありません。与えられた記憶と感情が、癒しによって別の情報になったり、別の認識へと変わるからです。

本書では、こうした癒しを行なうためにアファメーションとイメージングを使っていきます。そして、「過去の自分に対して伝える」という方法をとります。なぜ今の自分に対してではなく、過去の自分に対して伝える必要があるのでしょうか？

その理由は、頑張っても頑張っても評価されない。そんな「記憶」があるとします。この場合、この記憶が原因となり、それに付随する7つの情報が絡まって潜在意識にこびりつくからです。

そのため、今頑張っても記憶の中のつらさがなくなることはありません。ですので、直接記憶の中の自分に対して、今の自分がやさしく言葉をかけてあげます。つらい思いをしてきた自分に対して、「でも本当によくやったね」と言ってあげることによって、私たちは初めて「苦しい自分を認められた」と感じることができるんですね。

すると、潜在意識の中にあるつらい記憶を癒すことができるため、それに付随するすべてのネガティブな情報が癒されていくのです。たとえば、

○ほっとして涙が流れ、苦しみの感情が癒され、体の緊張も解けていきます。
○私はこんなふうに声をかけられてよい人間だったんだ、と自己認識（セルフイメージ）が変わります。
○やさしい言葉をかけてもらったことによって、「こういう声をかけられてもいいんだな」と認識が変わります。
○声をかけてくれる世界にはやさしい人がいるんだ、というように、世界観が変わります。
○声をかけてもらったことで、過去の記憶もやわらぎ、つらい感情を思い出すこともなくな

ります。

すると、

「今までとは違ってほっとしている」

「世界に対して、つらいものだという思い込みが和らいでいる」

「脳がやさしい人もいるんだということをしっかり認識し、その情報に目がいくようになる」

「過去のトラウマが癒されていることで、今まで苦しんでいたぶんを、別の行動に移すことができる」

「自分に対するセルフイメージが変わっているので、何か行動するにしても、私はダメなんだと否定的にならず、自分を信じながらスムーズに行動することができる」

というように自分の考え方や感じ方が自動的に変化し、幸せと引き合える自分に生まれ変われます。

その上で自然に行動するだけで、この世界にはやさしい人に巡り会い、やりたいこと（小さなことであっても）をやれた！　というように人生が変わっていくのです。

# アファメーションとは「愛」。運命を変える愛の魔法

ここで、本書の核となるアファメーションについての最大の秘密をお伝えしますね。本書では、実際にアファメーションで言葉にして唱えていただく部分を赤字にしてあります。この本で行なうアファメーションとは、ただ言葉を唱えるのではなく、「やさしい言葉を使って、自分のことを慰めたり労りながら、苦しみから解放する」という癒しのプロセスです。

どんなに頑張ったとしても、ネガティブな感情が自分の中にあると、その感情にすべてが引っぱられ、連鎖するように外側の現実の世界の出来事や人と通じ合ってしまうのが引き寄せです。だからといって本書では、ネガティブな情報や感情を嫌ったり、否定することはしません。

**なぜなら、ネガティブな感情とは、今まであなたが頑張ってきた証でもあり、あなたがつらい中でも生きてきた結果、生まれたものだからです。つまり、あなたの努力と命の結晶です。**

**そして、あなたはその感情を本当は持ちたくなかった。でも、周囲の影響によって持たざるを得なかっただけなのです。**

だからこそ、ネガティブな感情や情報は、自分に対してアファメーションをしながらやさしく「愛を注ぎながら、慰めてあげる」ことで、おだやかに消し去ることができます。アファメーションは、自分の存在に対する愛そのものなんですね。

ネガティブな感情や思い込みは、「愛されたかった」あなたの悲痛な叫びです。同時に、「苦しかった」「でも頑張ったあなたがいた」という、あなたのアイデンティティそのものです。だから、頑張ってきたあなたを認めてあげる意味で、黙って耐えてがまんしてきたあなたをまるごと抱きしめながら、そっと愛してあげましょう。

「大変だったね。つらかったね。苦しかったね」

愛ではない情報を与えられ、その結果、あなたが苦しむことになってしまったとしたら、その愛ではない情報を手放し、あなたが愛をあなた自身に与えてあげればいいだけです。

嫌わずに愛してあげたとき、ネガティブな感情を抱えていたあなたは、本来の価値ある、美しいあなたに戻ることができるのです。

# 人生を0からやり直すために必要な7つの要素
## ～現実を書き換えるための7つの情報～

それではここで、もう一度、どんなふうに私たちを不幸にする潜在意識の情報がつくられるのかを見ていきましょう。

私たちはひとつの経験をすることによって、7つの情報を潜在意識に刻み込みます。それが、「感情」「価値・信念」「世界観」「セルフイメージ（自分に対する信じ込み）」「体感覚」「在り方（無意識の発言・行動）」「シナリオ」の7つです。

実際に例を見ていきましょう。

道を歩いていて犬に出会いました。その犬がとてもかわいく、人なつっこいという経験をしたとします。

すると、潜在意識には、

○犬はかわいい、かわいい犬ばかりいるという世界観

○犬と出会ったらなつかれ、愛されるというシナリオ
○犬を見たらかわいい！　嬉しい！　という感情がわきあがる
○犬はかわいいし、人に従うし、私を傷つけないという信念
○犬が大好き！　と心が浮き立つような楽しくなるような体感覚
○私は犬と仲よしであるというセルフイメージ
○私は犬を見るとかけよってなでる、という行動（在り方）

という情報が書き込まれるんですね。そしてこれ以降、この情報が「当然」になり、パターン化します。

このように、よい経験をしたら、それはよい感情となり、よい体感覚となり、よい思い込み「価値・信念」となり、よいセルフイメージになります。そして、犬がかわいいということを繰り返し経験していくと、この7つは強化され、さらにこれと同じような経験を引き寄せるようになります。

しかし、これが反対に悪い経験だったらどうなるのでしょうか？　たとえば、かわいいなと思って近づいた犬に手を噛まれたとします。すると……

○犬は怖いものなんだという世界観
○犬と出会ったら攻撃されるというシナリオ
○犬は怖い！　という感情がわきあがる
○犬は怖いし、自分を傷つけるという価値観
○犬は痛いことをする、と古傷がうずく体感覚
○私は犬に噛まれる人間なんだというセルフイメージ
○私は犬を見ると逃げ出す（在り方）

というように情報がネガティブに変わります。

すると、犬を見ると怯え、犬も自分に対して攻撃的なあなたに吠え、かわいい犬も恐ろしく見えて避けるようになる苦しい体験を引き寄せてしまうのです。

もしもたまたま、この経験の後に、大人しいかわいい子犬に出会う瞬間があり、犬に対する怖い経験が書き換われば、情報も変わり、引き寄せも変わります。

しかし、こうしたチャンスに恵まれず、つらい記憶を放置したままにしていると、ずっと

この引き寄せは続いてしまうようになります。

ではここから、現実を引き寄せる7つの要素について、具体的に見ていきましょう。

**●感情**

過去に与えられた経験による感情です。

「こんなことをされてとてもとても怖かった」という恐怖や、「ひどく裏切られてつらかった」という「悲しみ」「恨み」などです。与えられたショックが大きいほど、それに伴うマイナスの感情は、私たちの心の傷（トラウマ）となって、自分の中に残り続けます。

感情は癒されないままだと恨みや恐怖を感じ続け、いつもいつもその感情でいっぱいになります。そして、その恐怖の感情にそった「イヤな現実」を引き起こします。

**●価値・信念**

価値・信念とは、「思い込み」のことです。

繰り返し経験したことによって、私たちはそこから「○○とは、△△というものなんだ」というように、経験をパターン化するようになります。

繰り返し親から無視されるということが起きたとしたら、「私は無視されるような価値のない人間なんだ」と思うようになります。すると、無視されたり、自分には価値がないと思えるようなことを他人からされたり、似たような人や出来事ばかりを引き寄せるようになります。

## ●シナリオ

シナリオとは、「自分の中であらかじめ予想して立てたストーリー」のことです。

私たちは、自分が経験した過去を元にして、「自分がこれからどんな未来を生きるのか?」をあらかじめ想像します。繰り返し行なわれてきたパターンは思い込みとなり、「Aという事象があれば、Bという結果になる」というように結末を決めてしまうようになります。

たとえば、過去に「頑張っても少しだけしか評価してもらえなかった」という経験が積み重なったとします。すると、潜在意識では、「頑張ったとしても、さほど人から認められない。

ほかの人が褒められていることをうらやましく思いながら、最終的には結局認められないことを悲しみながら終わる」と結果を決めつけ、最初から諦めたり、悲しみながら努力する苦しいパターンで生きるようになります。

## ●世界観

世界観とは、文字どおり、「世界はどんなものか?」という世界の捉え方です。

たとえば、いつも親が自分を脅かすようなことを言っていたら、その情報を基準にして、「世界はとても怖いものなんだ」「人間とは怖いものなんだ」と思い込むようになります。すると、怖い人や親のような人ばかりを引き寄せるようになります。

## ●セルフイメージ

セルフイメージとは、「私はこういう人間だ」という自己認識であり、あくまで「イメージ」です。セルフイメージは主に、「周囲の人から与えられた情報」によってつくられます。

たとえば、失敗しても慰められることが多ければ「私は失敗しても許される人間なんだ」

というセルフイメージになり、失敗を恐れなくなります。しかし、失敗を許されなかったり、叱責されることが多いと、「私は許されないダメな人間なんだ」と思い込むようになります。

そして、ダメな人間という自分に合わせて無意識に行動するようになり、自分を信じられなくなり失敗を繰り返してしまったり、最初から「ダメな自分」に合わせた人間関係や職場などを無意識に選ぶようになります。

**●体感覚**

体感覚とは、五感を中心とした体の感覚のことです。これは感情やセルフイメージとセットになっています。たとえば、自分に自信を持って堂々といることが多ければ、「いつも軽い感じ」で生きるようになりますし、人から叱責され怯えることが多ければ、「常に緊張し、縮こまって苦しい」感じになります。すると、さらに緊張のあまり失敗し、叱責されるような現実を引き寄せるようになります。

**●在り方**

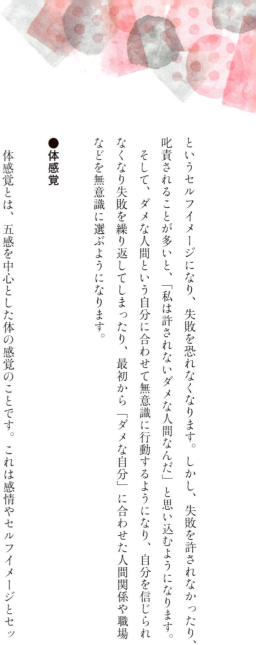

在り方とは、自分の発言や態度、行動パターンのことです。他人に対する接し方や会話、どう行動・反応するかなどは、はじめから決まったものではなく、自分の価値観やセルフイメージ・世界観・シナリオなどがベースになって変わっていきます。

たとえば、恐怖感や「世界は怖いものだ」という思い込みがあることによって、私たちは人と関わることを避けるという具体的な行動をとったり、あまり人と話さないようにしよう、だって傷つけられるからというように、行動が消極的なものへと変わっていきます。

これらの7つの情報は、一気に書き換えることも、ひとつずつ書き換えることもでき、本書では両方のやり方をお伝えします。そして、7つの情報は、すべて書き換えなければ幸せになれないわけではありません。たとえば、「自信がない」セルフイメージでも、「世界はやさしい人もいる」と世界観がやさしいものなら、「自信がない私を見守ってくれる人と出会う」ことができます。

このように補い合っているからこそ、人生を変えることができるんですね。

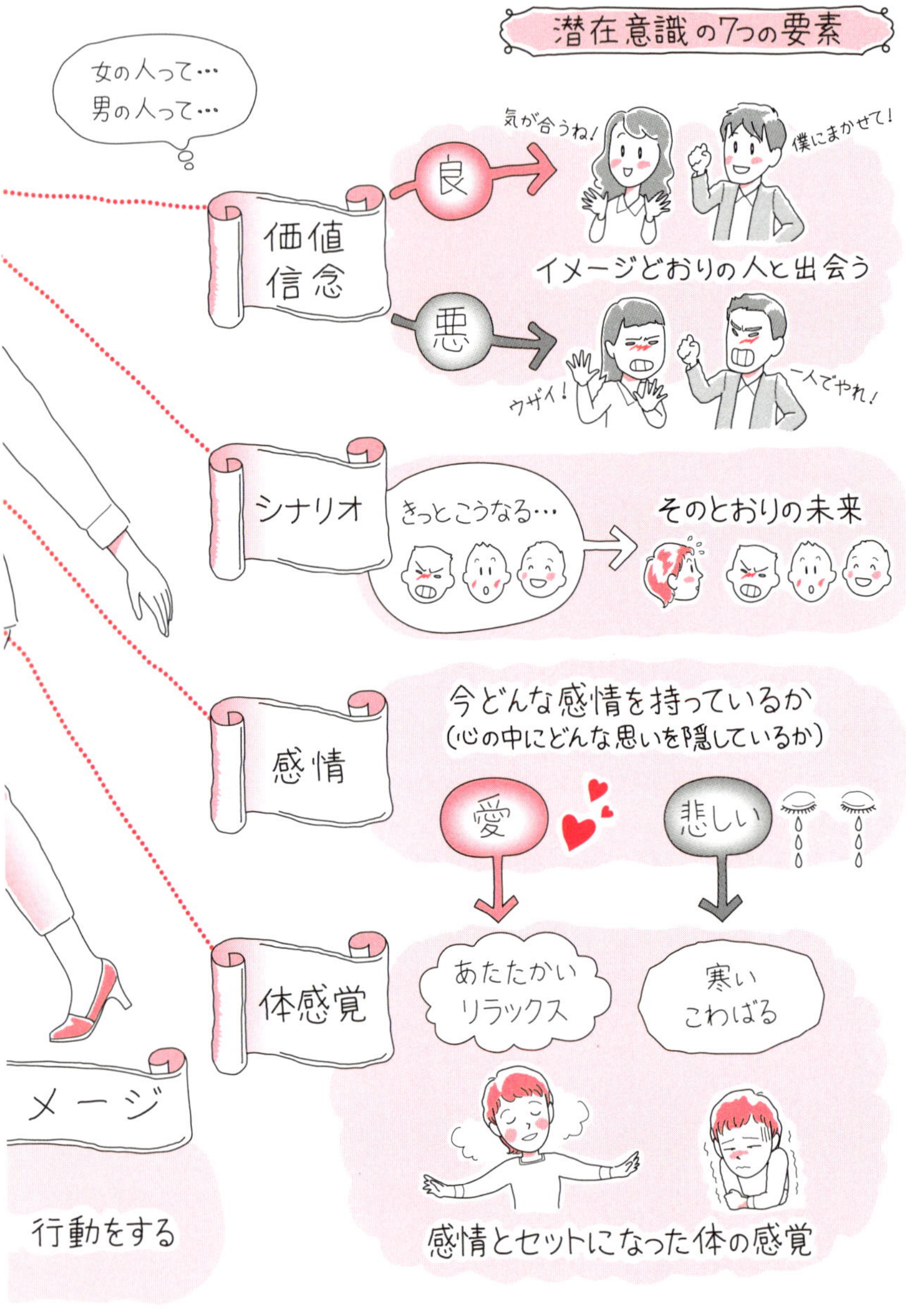
潜在意識の7つの要素
女の人って…
男の人って…
価値信念
良
気が合うね!
僕にまかせて!
イメージどおりの人と出会う
悪
ウザイ!
一人でやれ!
シナリオ
きっとこうなる…
そのとおりの未来
感情
今どんな感情を持っているか
(心の中にどんな思いを隠しているか)
愛
悲しい
体感覚
あたたかい
リラックス
寒い
こわばる
感情とセットになった体の感覚
メージ
行動をする

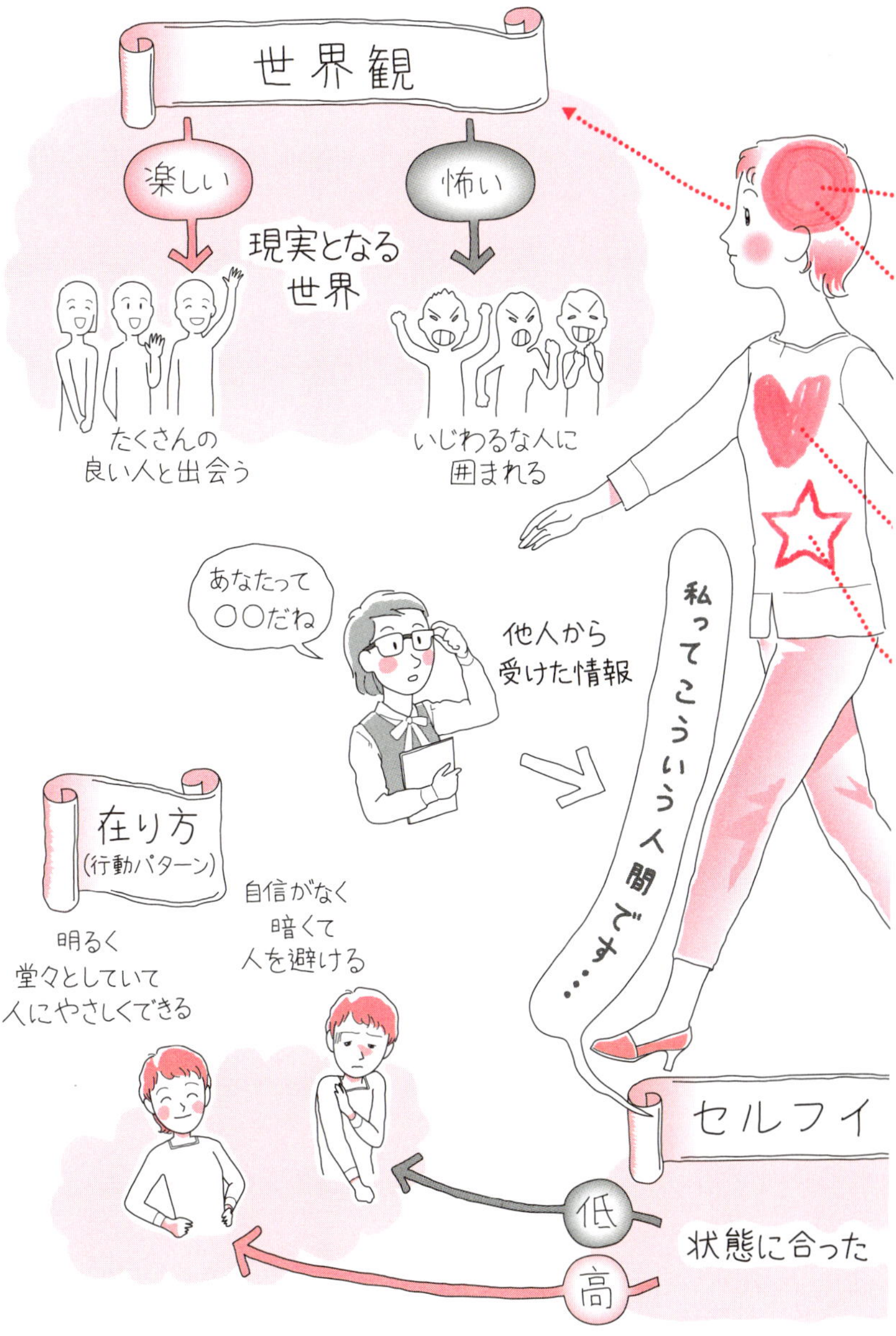
世界観
楽しい
怖い
現実となる世界
たくさんの良い人と出会う
いじわるな人に囲まれる
あなたって〇〇だね
他人から受けた情報
私ってこういう人間です…
在り方
(行動パターン)
自信がなく暗くて人を避ける
明るく堂々としていて人にやさしくできる
セルフイメージ
低
高
状態に合った

# 潜在意識をつくっている7つの要素を根こそぎ変える方法

ここまで7つの要素の引き寄せを見てきました。こうした7つの要素を変えていくのは、一見、大変そうに思えますよね。でも、実は、これらの要素は、直接その要素を与えられた過去の記憶と向き合うことで、一気に変えていくことができるんですね。

アファメーションをする際には「そもそも、自分がなぜこんなに不幸になってしまったのか？」ということを、過去の記憶と照らし合わせながら根こそぎ癒していきます。

つまりここでは、自分に対して否定的な情報を与えた「誰か」との記憶に、直接向き合います。

なぜかというと、こうした「不幸の発端」は、「親との関係」であったり、「自分をいじめた同級生」であったり、「ある特定の人・ある特定の経験から集中的に与えられている」ことが多いからです。

ひとつの経験から7つの不幸の要素が生まれたということは、自分の過去の記憶を遡り、

「イヤなことをしてきた、不幸の発端となる、その相手との関係性や出来事」だけ見ていけば、そこから芋づる式にすべてを変えていくことができるんですね。

なぜ、そんなことが「アファメーション（愛ある言葉がけ）」と、「イメージング（新しい経験のイメージ）」だけで可能になるのでしょうか。

これは、脳のふたつの性質を利用しています。

ひとつめは、「主語を認識しない」という性質です。

脳はその経験が他人から与えられたものであったとしても、自分から与えられた経験であったとしても、その区別をすることができません。つまり、今のあなたが過去のあなたを癒したとしても、それはしっかりと「誰かに癒してもらった」という認識になるのです。

ふたつめは、「イメージと実際の経験を区別できない」という性質です。実際に過去の経験に対して今のあなたが介入したとしても、「まるで本当にそのとき、誰かが来て助けてくれた」というように感じることができます。

このため、過去の記憶に対して、「今のあなたがやさしい言葉がけ」をし、イメージの中で「やさしく抱きしめながら、違う行動をとらせてあげる」ことで、心は癒され、まるで過去がまったく別のように感じられるようになるのです。

すると、「あんなに苦しんで」「自分をダメだと思い込み」「世界は冷たいものだと決めていた」自分自身の認識が、すべてガラリと変わっていくんですね。

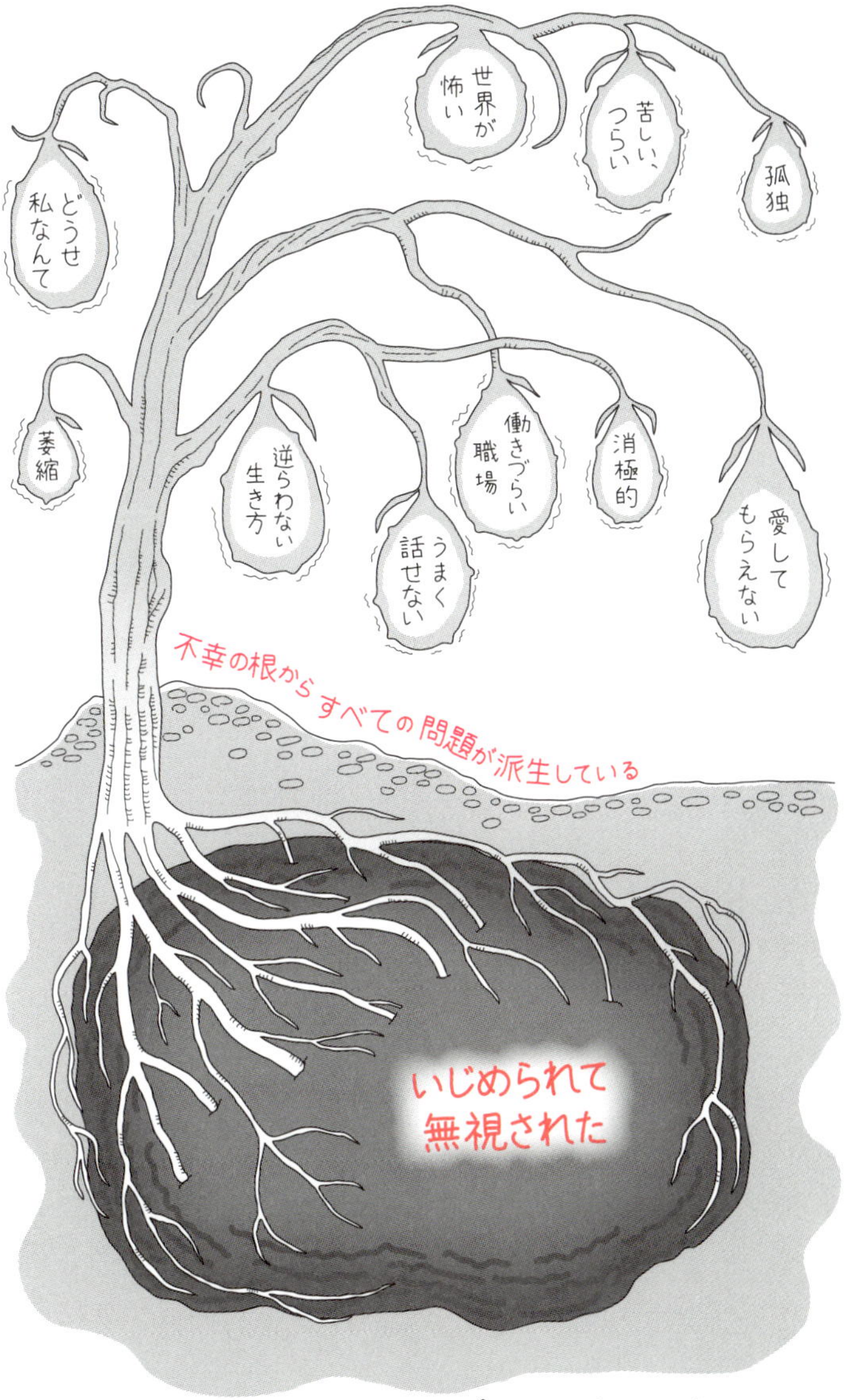


ひとつの経験がベースとなってさまざまな不幸の要素が生まれる

# 自分の中が180度変われば、運命も180度変わる

気分を変えただけでは引き寄せがうまくいかなかったとしても、根底からすべてを変えてしまえば、「まるで別人に生まれ変わったように、明るい、美しい自分になり、それにふさわしい最高の愛と、職業と、お金が手に入る」。

これは自分の根底を覆したからこそ、当然です。自分の潜在意識に与えられた情報が不幸になるものなら、それを消し、自分が幸せになる最高の愛を与えてあげるだけでまるで別人のように生まれ変わり、運命も変わります。

こうした潜在意識の書き換えを行なったクライアント様は、今、どんなふうに人生を劇的に180度変えたのでしょうか？　順を追って見ていきましょう。

◎Eさんは、両親との関係に苦しみ、犠牲的な恋愛を繰り返してきました。今は16歳年下の旦那様がいつも守ってくれ、両親との会話でもかばってくれています。

◎Yさんはいじめが原因で高校を中退し、その後、何年も引き込もりになった後、彼と出会いました。感情的になることもあるトラウマを持った自分をありのまま認めてくれて、理解してくれる彼です。

◎Mさんは、長い間、劣悪な環境の派遣社員で苦しんできました。その後、自分を育て直し、素晴らしい会社に転職するとともに彼と婚活パーティーで出会い、親が与えてくれなかったようなやさしい愛を育んでいます。

◎Nさんは子どもが引き込もりという中、DVが原因で離婚しました。その後、自分が立ち直ると芸能人やさまざまな男性から声をかけられ、子どもも自然に自立。頼もしい元プロスポーツ選手の彼と再婚し、彼の会社を手伝っています。

これらは、クライアント様たちが愛されている実例のほんの一部です。まるでシンデレラストーリーのように、素晴らしい愛を育んでいらっしゃいますよね。

みなさん、年齢や容姿はバラバラです。特別、テレビに出ているような芸能人というわけでもありません。しかし、過去の痛みをアファメーションとイメージングで癒し、生まれ変わった結果、こうして運命も180度変わったのです。

そこに難しいメカニズムは必要ありません。

ただ、愛を持って、自分に対して言葉がけをし、イメージをさせてあげるだけで、運命は変わります。

大丈夫、誰にでもできるんですね。

それではこれから、あなたの人生を180度変えて、奇跡を起こす旅へと一緒に歩んでいきましょう。

本当はかけがえのない、
大切な存在だった、私という「命」
今まで知らなかった、今まで気づかなかった

ごめんなさい、そして
生きていてくれてありがとう
私という命の尊さを認めれば、
それだけで運命は変わっていく

# 第1章

# 私という命をまるごと愛し、運命から愛される「自尊心」

# すべての引き寄せの根底にあるのは「自分の命に対する敬意（自尊心）」

1章では、「私の命を大切にする」という自尊心を根底からつくっていきます。これは、引き寄せの土台、人生の土台となるものです。

ここでの自尊心とは、「誰かとくらべて自分ができると威張るプライド」や、「自分だけが素晴らしいという特別意識」のことではありません。

**自尊心とは、自分の命を大切にする気持ちのこと。まぎれもなく、「自分という存在が世界にたった一人しかいない大事な存在」だということを理解し、その自分を慈しみ、無条件に愛してあげることなんですね。**

不幸なときは、潜在意識の中に自尊心が足りていません。

この世界にたったひとつの自分の存在を大切にできていないからこそ、セルフイメージが下がっていて、自分を粗末に扱う人や現実と引き合ってしまっています。

自尊心の低下は、「愛のない行為をされた」ことによって起こります。たとえば無視された。相手は、ちょっとしたからかいだったのかもしれません。けれど、私たちはそれによって、「私は本当に生きていていいのだろうか？」とさえ思ってしまうのです。

愛のない行為とは、命の迫害そのものなんですね。

**でも本当は、あなたは「何かができても、何もできなくても、大切な命」です。この世界にたった一人しかいない、大事な存在。**

**そして何よりも、あなた自身にとって、あなたはたった一人の存在なんですね。誰も、あなたにとって、あなたの代わりになることはできません。**

こうして自分の命を認めながら、「私は大切な存在である」というかけがえのなさを根底から認めてあげることが、この章で行なうテーマになります。これは後々、自己重要感や自己価値になり、素晴らしい現実を引き寄せるための核になります。

さっそく、大切な存在であるあなたが自尊心を育てるための引き寄せのレッスンを行なっていきましょう。

## 「私はここに存在していい」と思うことで起きる奇跡

まずは、自尊心のレッスンをした、あるクライアント様の実例を見ていきましょう。

Aさんは、ずっと両親から姉と比較され、ダメだと指摘されてきました。その結果、あらゆる人と自分をくらべる思考がクセになり、自分が人よりも劣っていると思い込んだため、人と何気なく自然に話したり、気軽に助けを求めるということもしづらくなってしまいました。焦れば焦るほど他人が大きく見え、自信を失ってしまう……。

「私は存在していていいのだろうか？」
「私はここにいていいの？」
「私は生きている意味があるの？」

彼女はずっと、状況を覆そうと努力してきました。けれど、それは資格や容姿といった

「表面上のこと」でした。自分の存在や頑張っている命そのものを認めていたわけではなかったため、「上には上がいて」彼女の不安が解消されることはありませんでした。

彼女は、アファメーションのワークを通じてようやく自尊心のなさに気づき、自分の命に対して感謝を伝えました。「生きてきてくれてありがとう。それだけで充分だよ」。すると、彼女の目からはあふれるように涙がこぼれ、気づけば嗚咽していました。ようやく、人生で生まれて初めて、

**「私はもう充分なんだ。ここにいても、生きていてもよかったんだ」**

と思うことができたのです。

それから彼女は、自分は自分のままでいいというセルフイメージ・安心感とともに生きられるようになりました。そして誰かと比較することなく、のびのびと自己表現できるようになり、仕事も対人関係もどんどん楽になっていったのです。

それではここで、彼女がしたワークを、同じようにしていきましょう。赤字の部分を、あ

なたに対してやさしく語りかけるように、実際に声を出して読んだり、繰り返し心の中で読んでみてくださいね。

**こんなに一生懸命生きてきたのに、今まで分かってあげられなくてごめんね。**
**あなたは一生懸命生きていたよね。**
**あなたはこんなにも、たった一人でさまざまなことに耐えてきたんだね。**
**必死で頑張っているあなたのこと、私は表面上のことだけで推し量ろうとしてたんだ。**
**あなたのこと分かってあげられなくてごめんね。**
**あなたは大切な命だよ。**
**あなたは私にとって、たった一人のかけがえのない存在なんだよ。**

伝えることができたら、あなたを抱きしめてあげましょう。
しっかりと手のひらであなたに触れ、「ここにいる」ということを感じてみてください。

あなたは確かに、今、ここに生きています。心があるからこそ悲しみ、痛み、苦しみ、でも笑おうと努力しながら、喜びをつくり出そうと、人を愛そうと生きてきました。ここにいるあなたの「命」。あなたという存在に、しっかりと触れてみてください。

そして、最後にこう宣言しましょう。

**これから私は、私の命を大切にしながら生きていきます。**

---

ワークは以上です。簡単でしたね。でも、たったこれだけで、あなたの命は「私はしっかりと生きてきたのだ」とあなた自身の「存在」を深いところから認めてあげられるようになります。

他人から否定されていたダメな自分から、懸命に生きている尊い自分へセルフイメージが変わる。そこからすべてが変わります。

# 自分の価値を認めれば周囲から認められる！「心の素晴らしさ」こそが女性の宝

命の価値とは、決して容姿や学歴・人からの評価といった「目に見えるもの」では推し量れないもの。愛や、やさしさや、気遣いや、誠実さ、人を思う気持ち……あなたは本来、こうした素晴らしい価値を持っています。

しかし、目に見える評価ばかりを追い求めてしまうと、自分が本当は生まれながらにこうした素晴らしい感受性を持っている価値ある女性だということを忘れてしまうんですね。

こんなときは、あなたの価値を一緒にゆっくり思い出していきましょう。目に見えないものは価値がないと自分を切り捨ててしまうのではなく、本当は何よりも価値あるものを持っていた自分自身を認めてあげながら、「あなたは本当は、目に見えるものでは推し量れないくらい価値ある存在なんだよ」と自分自身に伝えてあげることが大切です。まずは、自分の意識を向けながら、赤字の部分をやさしく読み上げてみてください。

あなたは本当は、やさしい気持ちや愛を持っていたんだね。

**でも、今まで私は、あなたのことを目に見えるものでしか判断しようとしなかった。あなたに厳しくしたあの人のように、あなたを容姿や、学歴や、会社の成績などでしか評価しなかった。**

**ごめんなさい、あなたが頑張って生きていたのに、私はそのことに気づかずにいたね。誰からも評価されないと言いながらも、本当は私自身があなたのことを何も見ていなかったね。ずっと無視していてごめんね。**

こんなふうに、心から謝りながら、一生懸命に生きてきた自分の姿をしっかりとイメージし、その自分を抱きしめてあげます。

今までのあなたは、あなた自身に認められることもなく、誰にも存在すら認識してもらうこともできず、一人孤独な世界で打ち震えてきたかもしれません。誰かに自分のことを見つけてほしい、そう願いながらも、「どうせ私なんて」と薄暗い冷たい暗闇の中で孤独に耐えてきたのです。

実は、あなたの中にある「誰も見てくれていない」という孤独感は、「あなた自身が本当のあなたを見てあげていない」という自己承認の不足から起こります。

ずっと一人ぼっちで苦しんでいたその自分に対して、「ごめんね、今まで無視してきてごめんなさい」と言いながら、あなた自身が自分をやさしく抱きしめてあげてください。そのとき、今までの自分のつらさを母親になった気持ちで、温かく包み込んであげましょう。

誰からも認められないと思ってきた。でも、本当は自分が自分のことを無視し、ずっといじめてきたのです。そのことを、今までの何十年ぶんを心から「ごめんね」と謝りながら、あなたがどれほど頑張ってきたのかを、しっかりとその目に焼きつけましょう。

**自分で自分を認められない人は、ほかの人からも認められることはありません。同時に、自分で自分のことを評価できない人ほど、人からも尊重され重要視されることはないのです。けれど、こうして「認められなかった自分の中の自分」を認めてあげることで、一人ぼっちで誰からも認めてもらえないという欠乏感は癒え、同時に、あなたの潜在意識には「私は価値ある存在だったんだ」という情報が伝わります。**

**その結果、「私が認めた私」はようやく暖かい太陽の下に姿を現わし、ほかの人の目にも「本当のあなた」としてしっかり認識されるようになるのです。**

# あなたの中の「つらい過去の自分」が不幸を引き寄せ続けている

この本の冒頭でお伝えした現実をつくる潜在意識の7つの情報。

これは、「過去に他人から与えられた経験」によってできるとお伝えしました。そして過去につらい経験を与えられた場合、つらい瞬間は、その経験が終わってからも、ずっと続いてしまうんですね。

驚きましたか？

**実は、私たちの潜在意識は、ショック……特に、後にトラウマを感じるほどつらい体験をすると、その瞬間にフリーズする（固まって凍りついてしまう）という性質があります。**

**つまり、ショックな瞬間があればあるほど、つらい経験をすればするほど、その瞬間の傷ついたあなたが、ずっと心の中に残り続けてしまうんですね。**

たとえば、8歳のときに親に無視されたとします。あなたは子ども心にとてもとてもつらく、「私は無視される人間なんだ」と、悲しくてたまらなかったとします。すると、その8歳の自分は、癒してあげないかぎり、大人になってからもずっと心の中で「無視された瞬間」をリフレインしてしまうんですね。

そして、「この世界は私に話しかけてくれない人間ばかり」という世界観ができます。その上、「私は話しかけても無視されるんだな……」というシナリオにそって、ネガティブな感情でいっぱいになり、消極的になり、人と交流できなくなります。

周囲の人がみんな冷たい人間ばかりに見え、話しかけてもらえなかった孤独感にさいなまれ、いつも悲しく、寂しく、無視される痛みがあって、生きるエネルギーもわきません。

その寂しさや孤独感がさらに一人の状態を引き寄せます。10歳になってからも「私は無視される人間なんだ」と思い続け、15歳になっても、20歳になっても、無視される人間として、痛みを抱えながら暮らし続けます。とうとう30歳になって「無視される自分を変えたい」と思って容姿をきれいにしたり、資格を取ったりしても、相変わらず愛されないまま……。

これは潜在意識の中の8歳の自分が「私は無視されてつらかったよ」と泣いているからこそ、ずっと無視される現実が続くのです。今の自分に価値をつけても意味がないんですね。

**今の問題の根底は、必ず過去にあるのです。**

# 過去の痛みを感じている自分を癒せば、生きる世界のすべてが変わる

では、8歳のときに無視されたままの痛みを抱えている、なかなか現実を変えられない自分を、どうしたら変えていけるのでしょうか？

それは、「8歳のときに無視されたまま、ずっと今の自分の心の中で泣き続けている自分を、イメージの中で慰めてあげる」ことです。

その子は、無視されたショックを抱えたまま、あなたの中でずっと孤独に泣いています。「自分は無視される人間なんだ」というセルフイメージを持ち、「世界の人たちは自分を無視するんだ」という世界観を持ち、寂しくて、つらくて……そんな感情や体感覚を持っています。

**このまま放っておくと、それがイヤな現実と引き合い続けます。ここでは引き寄せの元になるネガティブな感情を癒すために、苦しみを与えられた瞬間の自分を直接癒していきます。**

それではここで実際に、子ども時代に持ち越した傷を癒すためのワークを行なってみましょう。

ここでは、無視された4歳の自分、心ない言葉に傷ついた6歳の自分、否定された10歳の自分など、子ども時代の自分が目の前にいるところをイメージしてみてください。


その傷ついた子は、今まで誰にも気づいてもらえませんでした。

寂しい、苦しい、無視しないで、と言っても、あなたはその自分の気持ちを押し込めて、「でもがまんしてね」「わがまま言わないで」と、無意識にその自分を追いやってきました。

無視されるのは、あなたが悪いんだよ、とずっと言われてきたからです。あなたもその言葉を信じ、その子をずっと無視し続けてきました。ときには、ひどい言葉で叱りつけることもありました。

寂しいよ、とその子が言っても、あなたは「黙ってて、お願いだから」とその子に気づかないふりをして、自分を傷つける人たちを必死で追いかけてきました。その人たちに無視されないように、その人たちのことを考えて、機嫌をとるのが一番だったのです。

それを見て、その子は「ぎゅっ」とうずくまりながら、寒い場所で……一人きりで、がまんし続けてきました。


もう一度、しっかりとその子を見てあげてください。

その子は、今まで誰からも見てもらえなかったのに、あなたがようやく見てあげたことに気づき、ぼろぼろと涙を流し始めました。


**ずっと、苦しかったのです。**

**ずっと、気づいてもらいたかったのです。**

**ずっと、頑張っていたのです。**

**ずっと、孤独だったのです。**


**寒い中で頑張ってきた小さなその子＝子ども時代のあなたを、あなたがぎゅっと抱きしめてあげましょう。体の芯まで冷えてしまっています。寂しくてつらくて、凍える寸前でした。その子をやさしく抱きしめて、こう伝えてあげてください。**

ずっと一人にしてごめんね。
ずっとがまんさせてごめんね。
ずっとつらかったね、ずっと苦しかったね。
寒かったね、でももう私が抱きしめてあげるから大丈夫。
苦しかったね、でももう私がいるから大丈夫。
私がずっとあなたを見ているからね。
私がずっとあなたを愛しているからね、大丈夫。
あなたが何も悪くないって知っているからね。
あなたが本当にいい子って知っているからね。

その子を抱きしめながら、冷えた体が温まっていくのを感じてみましょう。小さな体が震え、あなたの中でようやく大声で泣くことができています。ずっとがまんしていたんだね。つらかったね。そのつらさを一緒に感じながら、一緒に泣いてあげてください。そして、冷えたその子が安心できるまで、ぎゅっと抱きしめてあげてください。

潜在意識は、内側も外側も、過去も現在も関係ありません。

こうして怯えたままのあなたを抱きしめ、やさしくしてあげることで、今のあなたもその子と同じように癒されていくんですね。

**過去の自分が温かさを感じられるようになれば、不安も孤独も消えていきます。いつも「私」が一緒にいてくれる。そんなふうに感じられるようになり、誰かが一緒にいてくれるという感覚も生まれます。**

**すると、孤独や悲しみの感情が癒え、世界観が変わり、明るい気持ちになり、自分に自信を持って積極的になり、「人が近づいてくる」「やさしくされる」「いい人と巡り会える」という現実へと変わっていくんですね。**

潜在意識の根底を書き換える。それは、あなたがあなたの過去に寄り添うことですべてが変わるのです。

①過去の自分の存在

②変われない理由

がんばって進もうとしているのに痛みをかかえたままの私に引き止められている

## ③潜在意識を癒す

## ④元気になった過去の自分が幸せ引き寄せの軸になる

## 過去の自分たちが現在の自己価値になる

# 本質と在り方を認めることで、自分と同質の人を引き寄せる

私たちは過去の情報に基づき、自分自身の魅力を差し引いて考えてしまうことがあります。それが、セルフイメージの低さにつながり、結果的にいい縁やチャンスに巡り会えない、ということが起きているんですね。

しかし、これは、私たちが自分の価値のはかり方を知らない、ということが原因になっています。年齢や容姿といった表面的なことばかりで自分をはかれば、その価値は減っていく一方です。しかし、本質で生きるということは、「表面的なことに左右されない自分で生きる」ということ。

この本質を認めながら、本質で生きている自分と同じ生き方をしている人・仕事を引き寄せることが大切なんですね。

まずは、あなたの本質と在り方をチェックしてみましょう。

**□約束を守る　□誠実である　□日常生活をしっかり生きている　□自分の面倒を自分で見ている　□感情のコントロールを心がけている　□しっかり貯金している　□将来、どんな家庭をつくりたいかヴィジョンを持っている　□人を信じることができる　□悪口などを言わずに人のよい面を見ることができる　□誠実に一人の人を愛することができる　□他人が感情的にぶれているときも一貫した態度をとることができる　□自分が与えられているものに気づき、感謝し続けている　□日々、誠実に労働している　□自分で喜びを生み出す努力をしている　□職場など、周囲のルールをきちんと守っている　□現実を生きることから逃げていない　□やさしくあろうとしている　□謙虚である　□努力家　□人を助ける気持ちがある　□できるだけ最善を尽くしている　□人の気持ちを考えることができる**

**本質とは、「誰も見てくれていなかったとしても、でも、実際に自分がしてきた行動や発言」という事実に基づいています。それは、確かにあなたの中にあり、あなたがしてきた過去のすべてが価値そのものなんですね。これを自己承認といいます。**

こうした在り方をしてきた自分を認めることができたら、こんなふうに言ってあげましょう。

**私は、私がきちんと、人が見ていないところでもしっかり生きてきたことを知っています。私は人の目ではなく、私の知っている私のすべてを認めます。**

こんなふうに、しっかりと自分のことを認めて、自分の力を受け止めることで、私たちは自分を信頼できるようになります。

この自己承認と自己信頼のプロセスが、自分のセルフイメージを変え、さらに堂々と行動・発言できるようになり、その結果、「低いセルフイメージでダメな自分と引き合っていた人たち」ではない人と引き合えるようになるのです。

# セルフイメージを書き換えたら、ふさわしいものを再度選び直す

**あなたは自分の人生の創造主です。創造主とは、人生をコントロールできる人のこと。コントロールすることは「関わる人、接するもの、すべて」を選ぶということです。ここでは、新しくなったセルフイメージにのっとって選び直してみます。**

なぜなら、今までは、あなたを傷つけるものを受け入れてきたからこそ、不幸だったんですね。これを変えていきます。

たとえば、自分がダメだと思い込んでいるときは、ダメな自分に似合いそうな妥協した服を選んでいたかも知れません。

でも、素晴らしい命であるあなたを大切にするならば、肌触りのいいやわらかい服に身を包み、きれいな色の服を着せてあげたいですよね。

今までは怒鳴られるのが当然だったかもしれませんが、もう、怒鳴る人など問題外です。

これからは、やさしい言葉を言ってくれる人、丁重に扱ってくれる人とだけつき合うことが

できます。

家は散らかっていませんか？　散らかっている家は、大切なあなたにふさわしいでしょうか？　もっときれいな花が置かれていたり、きれいなティーポットでお茶を飲ませてあげたいですよね。

**こんなふうに、「大切な私のために、私が私を最大限ケアする」ということが、選び直すということです。**

過去のあなたに似合っていたネガティブなものは、もうすべて捨ててしまいましょう。値段は関係なく、きれいなもの、あなたが好きだと思えるもの、心地よいものを選びましょう。肉親だからといってイヤな言葉を聞くのではなく、あなたに対してやさしく接してくれる人、丁重に扱ってくれる人を選び直しましょう。

**あなたの世界は、あなたのセルフイメージのとおりに、美しいものへと変えることができます。**

# 小さな価値観からあなたを自由にすれば、世界が開ける

私たちは子どもの頃、いろいろな選択肢がありませんでした。与えられた家庭環境、与えられた親、与えられたもの……その世界で頑張るしかありませんでした。

その結果、小さな子どもだった私たちは、その環境の中で、頑張って精一杯生きることを決意したんですね。

愛を与えられなくても頑張ろう。褒めてもらえなくても頑張ろう。

大事にされなくても、私は大事にしよう。どうしたら大事だって言ってもらえるかな……？

ずっとこんなふうに頑張ってきた、いたいけなあなたが存在しています。

しかし、大人になってからも、子ども時代の価値・信念を大事にし続けていると、どうでしょうか？　もう、あなたのサイズに合わなくなっているんですね。だから、苦しんでしまう。

子どもサイズの小さな服を着ているあなたは、充分にきゅうくつに生きてきました。もう今のあなたのサイズに合った服に着がえていいんですね。

それが「選択する」ということです。

ではここで、もう一度、大人のあなたとして考え直してみましょう。

**私はもう、過去、自分に対して言われた言葉を信じる必要はありません。**

**私はもう、過去、自分に対して課せられたルールを守る必要はありません。**

**私はもう、過去、自分に対して威圧的になってきた人たちを無視することができます。**

**そして、私は「自分の人生を自分のものとして、今の私の感性や自分が大切にしている価値・信念に基づいて」自分の自由に生きることを許します。**

こうして選択し直すことで、「誰かの価値観」「誰かの世界観」ではなく、本当の世界を自由に、あなたの心のまま歩けるようになるのです。

# 幸せを引きよせる第一歩 否定する人から自由を取り戻す

自分を否定するということは、それだけ自分のネガティブな部分に意識を集中し、自己価値を下げてしまうということ。それによってセルフイメージはどんどん下がるし、本当はすぐにでもやめたい……。にも関わらず、私たちはなかなか自己否定をやめられません。

それは、なぜでしょうか？

それは、自己否定の言葉が、「自分の言葉」ではないからです。

子ども時代からずっと、自己否定の元になる言葉や態度を周囲からたくさん与えられてきたため、それが潜在意識にこびりついているんですね。

そして、思い出したくなくても、その言葉を思い出してしまうのです。なぜなら、ショックすぎてその言葉を本当に言われたくなくても、あまりにも何度も言われると「もしかしてそうなのかもしれない」と不安になってしまうのです。

そして、「私はそうなの？」「いや違う！」「でもそうなのかもしれない」と、不安と恐怖の感情でいっぱいになってしまうのです。

このループをやめるためには、まず、自己否定の裏に「ネガティブな支配」があることに気づきましょう。

**自分を否定したいのではなく、自分を否定した人の存在に囚われているから、その言葉を繰り返しているだけなんですね。こうしたときは、自己否定をやめようと頑張るのではなく、自分を否定している人たちから自由になるということをしていきましょう。**

では、これから具体的なワークをしていきます。まずは、否定的な言葉を言う人に囲まれ、その中心で「かごめかごめ」のように、ぐるぐると否定的な言葉を言われているあなたをイメージしてみてください。

そして、ずっとずっとイヤなのに、その言葉を言い続けられている自分に対して、こう伝えてあげましょう。

もう、そんな場所にいなくていいからね。
もう、その人たちの言うことを聞かなくていいからね。
あなたはとても素直でいい子だったね。
だから、その人たちの言うことを聞いて、鵜呑みにしてしまったんだね。
苦しかったね。とてもつらかったね。ずっとそこでがまんしてきたんだね。
でももう、その人たちの言葉を聞かなくていいからね。
一緒に違う場所に行こうね……。

そして、その子をやさしく抱きしめてあげてください。
今までたくさん、イヤな言葉を聞かされてきてつらかったね。こんなふうにやさしくなだめてあげることができたら、今度はその子のよさを思い浮かべながら、その子のいいところを教えてあげます。

あなたは、こんなに無邪気でかわいらしいんだね。
とてもやさしくて、とても純粋で。人が大好きなんだね。
みんなと一緒に仲よくしたいと思っているのは素晴らしいことだよ。

**これからは、あなたのいいところをたくさん活かして、のびのび生きていこうね。**

こんなふうに、やさしくその子の持つ価値を「教え」ながら、心の中にその子の居場所をつくってあげます。

その子は居場所がなかったからこそ、今までそんな人たちの中にいるしかなかったんですね。でも、今はもう、あなたの心の中に居場所をつくってあげることができます。

その場所をかわいい薔薇の花で飾ったり、きれいな音楽を流したり。その子が心地よいと思えるような環境へと変えてあげましょう。そして、その子が安心できたら、

**「もう誰もあなたの悪口を言わないからね、大丈夫だよ」と伝えてあげてください。**

否定的な意見を言う人たちから離れたその子は、もう「ダメな自分」として生きる必要はありません。

これからは、その大切な子に、やさしい言葉をたくさんかけてあげてくださいね。

## 自分を否定する人から自由になる

# あなたの愛に見返りを求める犠牲にならない人生を始める方法

愛されていない、自分だけ粗末にされる。そんな問題を抱えているときは、潜在意識ではあえて不幸を受け入れている＝「幸せをがまんしている」ということが起きています。でも、本当は愛されたいし、大切にされたい。がまんしたいわけではないのに愛されないのを受け入れているとしたら、あなたは何かの目的のために、あえて愛されることをがまんしていることになります。でも、何のためにそんなことをしたのでしょう？

こうしたときには、相手への配慮や、純粋な愛や、思いやり、その相手と仲よくしたい気持ちが隠されていることがほとんどです。

自分が苦しいという気持ちよりも、自分が悲しいという気持ちよりも、「相手が喜んでくれるように」「相手が納得してくれるように」「相手が受け入れてくれるように」無意識に自分を殺し、相手を優先するということをしてしまったんですね。

こうした一方的に犠牲になるパターンも、意識してやめ、違う行動（在り方）を選択し直す必要があります。

**今まであなたは、とても一生懸命に相手を愛してきたんだね。**
**その人と仲よくなりたいと思っていたんだね。**
**でも、相手はあなたのその愛に応えられる人ではなかったね。**
**それはとても苦しかったね。**

こんなふうに過去を思い出しながら、あなたが一生懸命に愛してきたつらさを認めてあげてください。そして、次にこう宣言します。

**私は相手を愛してきたぶん、これからは愛される必要があります。**
**私は私の愛に見返りと対価を求めることを許します。**

あなたの愛をしっかりと認め、そして、その見返りを求めること。それを許すこと。
こうすることで、潜在意識が繰り返していた「犠牲的な無条件の愛」というパターンが終わるのです。

# 子ども時代の自分を癒せば、性格まで180度変わる！

私たちが普段、自分の「性格」だと思っているもの。実はこれは、セルフイメージと、セルフイメージに基づく「在り方」でできています。つまり、行動・態度・会話のパターンです。

そして、「セルフイメージ」とは、本当の自分ではなく「自分の思い込み」を元にしてつくられています。

まずは分かりやすく、シミュレーションしてみますね。

クライアントのMさんは、暗く、人と関われない消極的な性格に悩んでいました。明るく振る舞うこともできず、誰かと仲よくなりたいと思っていても、なかなかそのとおりにできない……。実はここでは、

1　親にダメ出しをされてきた過去が長く

2　その結果、「私はダメなんだ」と思い込み
3　ダメな自分はおしゃれなどができなくなり
4　周囲もどうせ私をバカにするだろうと人と関われなくなる

ということが起きていました。

もう少し掘り下げてみると、まず、親にダメ出しをされたため、「世界は私を罰するんだ」という世界観ができました。そして、ダメ出しの結果、私はダメだというセルフイメージができ、ダメな私はおしゃれなどしてはいけないという価値信念のもとに、自分をきれいにしたり高めたりする行動を捨てました。そんな自分が嫌いになり、自己嫌悪の感情がわき、さらにその自己嫌悪の感情によって、どうせ……と心の中で自分も人も攻撃し、明るさや朗らかさ、人とのつながりから遠ざかったんですね。

このように、私たちは、

## ｜親や周囲からのダメ出し

**2　ダメ出しによるネガティブな信じ込み**
**3　信じ込みによって行動できなくなり**
**4　信じ込みによって消極的になる**

という、1から4までのステップで自分をつくっています。そして、これら一連の流れによってできたものが、「〝性格〟と呼ばれるパターン」になるんですね。

このように、性格にも原因があり、結果があります。

消極的にならざるを得ないことがあり、消極的がパターンとなり、結果、そのパターンが当然になり、自分自身となったのです。

**しかし、言い換えれば性格は「与えられたものが原因」でできています。ということは、もしも1で与えられたものがまったく違うものだったとしたら、4の「消極的になる」という結果も生まれないということなんです。**

たとえば、1で褒められて育った子の場合、どんな流れになるかというと、

**1 褒められた**
**2 自分がいい存在だと思える**
**3 おしゃれをしたり、自尊心が生まれて積極的にやりたいことができる**
**4 その結果、人とも自信を持って関われるようになる**

**というように、自然にすべてが変わってしまうのです。**

**ここで大切なことは、その子が客観的に見て美人かどうかはまったく別だということ。**

その子は、褒められたことで、世界はとても明るいものだと信じられるようになるでしょう。人はやさしく、自分には価値があると思えて、当然、おしゃれをしたりやりたいことにもどんどんチャレンジします。恐れることなく、どんどん人と交流ができるでしょう。

**このように、すべての行動・発言・人間関係の根底には、事実ではなく、「子ども時代に何を信じ込まされてきたのか」ということがベースになっているんですね。**

**事実がどうであれ、「思い込まされること」によって、人は人生を変えてしまうのです。**

怒られる
世界は怖いもの
私は
ダメな人間
どうせ
怒られるんだ
人の顔色を
見ないと
いけない
大人になっても…
消極的な自分
イライラする
ハッキリしろ!
どうする〜?
一緒に来る〜?
世界は怖い人
ばかり
さらに
怒るかも…
社交辞令
かも…
人の顔色を見るべき
だから怒鳴られることばかり起きる
だから友達ができない
自分に
自信がない
私は
ダメな人間
だから評価されない
だから恋できない
私はダメだというセルフイメージ

このように、私たちのセルフイメージは、実際の真実ではなく「単なるイメージ＝思い込み」によってできています。

こうした性格＝パターンを変えるためには、「イメージを思い込ませた人から自由になる」ということが大切なんですね。まずはアファメーションを唱えてみましょう。

**私は私を否定する人の価値観を採用しなくていい。**
**私は私を批判する人についていかなくていい。**
**私は私を愛さない人のために、必死にならなくていい。**

こんなふうに、自分に対して否定的な意見を言った人たちから、幼い自分を自由にしてあげます。

そしてさらにワークを続けていきましょう。

## 本当の美しいあなたに生まれ変わる
## ～純粋な自分を取り戻すためのアファメーション～

では、ここからさらに性格を変えるワークをしていきましょう。


子ども時代のあなたを思い出してみましょう。

誰かに批判されているあなたではなく、純粋に振る舞っていたときのあなた自身です。

あなたは、勉強は苦手でも、絵を描くことが大好きだったかもしれません。

あなたは、運動は苦手でも、親を思いやるやさしい子だったかもしれません。

あなたは、本当はとてもお友達と仲よく遊ぶのが好きだったかもしれません。

あなたが自由に振る舞い、活き活きとしているところを思い出しながら、「かわいいね」「上手だね」「いい子だね」とたくさん褒めてあげてください。

そして、その子が持っている純粋な資質を否定されることなく、「今のあなた」にしっかりと見守られながら生活しているところをイメージしてみます。あなたに見守られている子どもの頃のあなたはとてもかわいく、のびのびとしていて、自分を否定したりなんてしていませんよね。自信がない、なんてことも言っていません。

そして充分にその子がのびのびとしている姿をイメージすることができたら、今度はその子がのびのびしながら10歳になるところを想像してみましょう。

その子はどんな子になっていますか？　もっともっとやさしく、お友達と仲よく、大好きな絵を描いたり、運動をしたりしているかもしれませんね。勉強も得意で、大好きなことをもっと上手にしているかもしれません。

そのあなたをさらに褒めてあげましょう。

すると、ニコニコと笑って、その子はあなたにぎゅっと飛びついてきます。

そして、さらに、その子が15歳、20歳、23歳……と、どんどん成長し、今のあなたの年齢になるまでイメージしてみましょう。

否定されずにあなたの年齢まで育ったその子は、自分の才能を信じながら、本当にキラキラと輝いているはずです。

**これが本当のあなたの姿です。**

**誰の目にも怯えていませんし、自分を否定したりしていません。心からニコニコと笑っているその姿はとても美しく、しなやかで、自分らしさを100％感じています。**

このあなたは、消極的な性格ですか？　そうではないと思います。穏やかでもネガティブではなく、心やさしくても犠牲的ではなく、人を愛しても自分も愛されることを許し、人とくらべずに自分の才能を活かしながら、美しく、あなたらしく輝いています。強く、凛としていて、未来を見ていて、朗らかで、きれいな女性……。これが本当のあなたです。もうどこにも、暗い性格なんてパターンは残っていません。

**このあなたに、「おかえりなさい」って言ってみましょう。**

**そして、おかえりなさいを伝えながら、今のあなたの胸の中にその子を抱きしめ、あなたの心に溶かし、本当の自分の煌めきを全身で感じてみましょう。**

「おかえりなさい、きれいな私」

「おかえりなさい、誰からも否定されなかった美しい本当の私」

本当のあなたが帰ってきました。この美しい本当のあなたを体いっぱいに感じながら、内側からあふれるような光を感じたまま、ゆっくりと「今」に意識を戻します。

この美しい自分で生きていいんですね。そして、この自分で生きるならば、あなたはもう別人のように堂々とできるようになるはずです。

あなたの生きるパターンが根底から変わったのです。

# 秀でた人などいない。誰もが対等

人と自分が対等だとなかなか難しくて理解できない、という悩みを伺います。そんなときは、こう唱えてみてください。

**私もあの人も、神様から同じ命を与えられている存在です。そして、それ以外の容姿の美醜や、これがいい、あれが優れている、といった「価値観」は、すべて人間が、（しかもその時代にあった流行が）勝手にその人の都合でつくり出したものであり、神様から命を与えられたという意味では、すべての人が対等です。**

親であったとしても、同じ人間として生きています。だからこそ、同じ人間として彼らを見ていいですし、同じ人間として、「苦しい行為は受け取らない」としていいんですね。

どんなことであっても、同じ人間として、あなたを傷つける言葉や、あなたの人格を否定するような行動は、断っていいのです。命がある以外、誰も秀でている人はいないのです。

# 心の底から「私」の価値を感じる方法 〜あなたに感謝しながら生きる〜

ここまでたくさんのワークをしてきましたね。

少しお休みして、命についてのお話をしたいと思います。

あなたがいつも考えているあなたという人は、あなたの思考でできていました。セルフイメージですね。よいとか悪いとか言われて、そのたびに、右往左往して、よい自分になったり、最低な自分になったりしたかもしれません。

けれど、あなたはセルフイメージではありません。

あなたはここに、確かに存在しています。

では、あなたは何かというと、それは、あなたという命そのものなんですね。

あなたが自分を嫌うときも、あなたがつらいときも、いつもあなたの命はあなたと一緒にいてくれました。

あなたがほかの人にないがしろにされて、陰で泣いているときも、あなたが努力してこんなに頑張ったのに評価されないときも、いつもあなたの命は、そのあなたの在り方を見ていてくれました。

あなたの命、というのを、神様と呼ぶ人もいます。この本では、あなたの命を、潜在意識と呼んでいます。


**ずっと見ていてくれたあなたの命に、お礼を伝えましょう。**

**不安になったこともあるかもしれません。でも、あなたの命はしっかりと見ていてくれた。一人ぼっちで誰も分かってくれないと眠れない夜もあった、でも、あなたの命はしっかりとそのあなたも見てくれていました。**

**そして、あなたの価値を、誰よりも分かってくれています。**

**あなたの命が一緒にいてくれたからこそ、あなたは今ここに生きています。**

**あなたが今生きているということは、あなたの命が、しっかりとあなたを守ってくれている証拠です。だから、安心して委ねて大丈夫。**

ありがとう、見てくれていて。ありがとう、ずっと側にいてくれて。

**そして、あなたの命は、あなたが死ぬまで、これからずっとずっと一緒にいてくれます。あなたのことを、ずっと見てくれています。**

私はこれまで、ずっと一人きりで生きてきたと思っていました。そして、誰も私のことなんて見てくれてなかった、と思い込んできました。でも、ずっと私のことだけを見てくれていたんだね。私が私を見捨てたときも、あなたはいてくれた。私がつらいときも、苦しいときも、一緒にいてくれたんだね。ごめんなさい。ありがとう。私の命。これからもずっと一緒に生きていこうね。

だから、私には価値がない、なんて言わないであげてくださいね。
あなたの命は、痛いくらい、あなたの価値を感じているのですから。

## 一人ぼっちを解消して、今すぐ人とつながる方法

もっと心の扉を開いて、世界中の人と関わりたいけれど、でもそれがなかなかできない……。こんなふうに孤独を感じてしまうとき、あなたは孤立しています。正確には、あなたの潜在意識が、他人と切り離され、孤立しています。


私たちの現実は、潜在意識がつくり出しています。

具体的には、「どうせ私なんて」といつも表情を硬くして身をこわばらせていたとしたら、その在り方が、人への拒絶になっているんですね。

あなたとは関わりたくないよ、という視線のそらし方。

私に近づいてもいいことなんてないよ、という猫背な姿勢。

私たちのセルフイメージが感情を生み出し、そして、その感情があなたの在り方となり、在り方があなたの世界をつくり出している。

けれど、本当にあなたがほしいのは、こんな冷たい世界ではなく、目が覚めたら誰かが隣

で微笑んでいてくれるような、あたたかい、日だまりのような世界だと思います。

こんなときは、こういうワークをしてみましょう。


そういう在り方を今までしてきてしまった自分を責めたりせずに、まずは、本当の願いとはちぐはぐな生き方をしてきてしまった自分を、やさしく受け入れてあげてほしいんですね。

人との関わりの中で痛み、傷つき、だからこそ自分から世界を拒絶してしまったこと。でもそんな自分が、本当は何よりもイヤだったこと……。

そして、その自分にこんなふうに言ってあげてください。


**誰も分かってくれなかったね。そして、実際に一人だったね。**

**でもね、その人たちはあなたの感性を分からなかったんだよ。**

**あなたは一生懸命に相手を愛していたし、大切にしていた。**

**でもそれを相手は理解する感性を持っていなかった。**

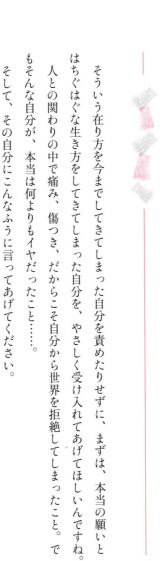

あなたとは違う感性を持っていたの。

だから、あなたが悪いんじゃないよ。

その人たちに嫌われたと思い、どうせなんて縮こまらなくて大丈夫だからね。


そしてその上で、あなたの世界観を変えていきましょう。

まずはたくさんの人がいることをイメージしてみます。

**そこには、あなたと同じ思いをしている人、そして、あなたと同じようなつらい経験をして、できるだけ人にやさしくしようとしている人も存在しています。**

**その人が、あなたの存在に気づきます。**

**そして、あなたに近づいて、「大変だったね」と言って、あなたのことをぎゅっとやさしく抱きしめてくれているところをイメージしてみましょう。**


**つらかったね、でも大丈夫だよ。**

**あなたの気持ち分かるよ。**

**もうここは安全だからね。**

**その人はそう言って、あなたのことを大切にしてくれます。その温かさややさしさを感じ**

**てみましょう。**

そしてそれができたら、今度は、あなたが好きな「物」を思い浮かべてみてください。洋服や化粧品、映画、間接照明、家……なんでもいいのです。そして、それをつくっている人たちの表情をイメージしてみましょう。

その人たちは、あなたと同じ感性を持ち、さらに、あなたのような人に喜んでもらいたいと思い、毎日必死にその商品をつくってくれています。

**あなたが笑ってくれたらいいな。**
**あなたがきれいになってくれたらいいな。**
**あなたが幸せであればいい。**

そんなふうに、あなたのことを思い、あなたが嬉しく感じられるような瞬間をつくるために、一生懸命頑張ってくれているんですね。

今、その愛を受け取ってみましょう。

「私のためにしてくれてありがとう」とつぶやいてみましょう。

その上で、こうアファメーションをしてみましょう。


世の中にはたくさんの人が存在している。

私はわざわざ、私の感性と合わない人とつき合わなくていい。

自分を殺してまで、その人たちに合わせなくていい。

私は、私の感性を理解してくれるその人だけと関わっていい。

私はその人たちとつながっていい。

私の痛みを理解し、私の苦しみを自分のことのように泣き、同じ経験をしているからこそ、言葉ですべて語り合わなくても分かり合える、そんな人と関わっていい。

そして、その人たちが今この瞬間、この世界に存在していることを受け入れます。


こうして、その人たちに囲まれて、笑顔で話しているあなたをイメージしてみてください。同じ感性だからこそ、自然に話すことができて、リラックスして安心できています。

この感覚を充分に体に覚えさせてあげましょう。その上で、この嬉しい感覚を胸にしながら、実際に、「好きなことをする」という行動をとってみましょう。好きなことを習う、好きな場所に行く、好きな物を食べる、好きな人と話をする。「好き」をベースにした在り方になるとき、あなたの行く先々にはあなたの好きな人ばかりがいて、一緒に喜びを分かち合えるようになります。


心が孤独になってしまっているからこそ、あなたの現実も孤独になってしまいます。でも、心がつながることを覚えれば、そこから縁は自然と始まっていくんですね。

あなたの世界は、あなたが選んでいい。美しい空を見て、この空の下にいる私が愛せる、私を愛してくれる人を思いながら毎日を過ごすこともできるし、道に落ちているゴミを見て、こんなことをする最低な奴ばかりなんだと怒り、絶望しながら不愉快に過ごすこともできる。

だとしたら、あなたはどちらを選びますか？

# 怖い人、イヤな人から自分を守り、その人から影響を受けなくなる方法

震えるヒナのように心は怯え、今すぐにでもそこから旅立ちたい。とても怖くてイヤでつらい。でも、なかなかそこから逃げることができない……。そんなふうに、自分に都合よく動けないときもありますよね。たとえば、すぐには仕事を辞められなかったり。

しっかり現実を自分の足で生きている人ほど、お給料や仕事や家族や人間関係のしがらみがあるからこそ、その場所からなかなか逃げられない、そんなことが少なくありません。

こんなときは、無理に仕事を辞めて自分を追い込んでしまうのではなく、その場所にいながらも、周囲を気にしないほどの潜在意識を先につくっていきましょう。

まず、職場やあなたが今いる環境で、「イヤな人」や「怖い人」のことを思い浮かべてみてください。ここはありのままで大丈夫。実際に名前をあげて姿をイメージしてみてください。

そして、その人が怖い、とか、憎い、というネガティブな感情を、まずはしっかりと感じ

ていきましょう。

理由づけしたり、「イヤだと思ってはダメ」と思わなくて大丈夫です。あなたが苦しいのですから、否定せずその苦しみや怖さに寄り添って感じてあげてください。

そして、怖かったら怖かったね、と認めてあげ、怖がっている自分を今の自分が抱きしめてあげます。

まずは、ここまでのステップです。どうでしたか？　怖い、という感情はあったとしても、難しくはなかったと思います。

ここで、大切なことをお伝えしますね。

怖いからといって、「つい反論したり」「ついそれが違うと怒鳴ってしまったり」「つい態度に示してしまい」直接戦ってしまうと、もっともっとひどいことを言われたり、目をつけられてしまいます。

だから、現実の世界で何とかしよう！　と思う気持ちをまずは捨ててみてください。すべてイメージの中で、潜在意識で処理していきます。

ここでぐっと頑張って自分の心の中を変えてあげられると、現実も一気に変わっていくんですね。

**言いたいことを言って、相手を打ち負かして満足したいのは、自分のエゴです。心の中で言いたいことを言って自分を犠牲にしないのは、自己防衛であり、自尊心です。心の中でするからこそ、自尊「心」ということもできます。**

ではここで、今まであなたが苦しんできた相手を思い浮かべてみましょう。そして、イメージの中で、しっかりと相手の顔を見ながら伝えてください。

私はあなたにこんなに苦しめられたんだよ。
私はあなたに〇〇だと言われたときから、ずっとそれを気にするようになってしまった。そのせいで、自分に自信が持てなくなり、こんなふうに今、自分を傷つけるようになってしまった。

今の私を、しっかりと見てください。これが、あなたが私に対してしたことです。

あなたは私がイヤがっても、やめてくれなかった。
でも、私はもう、それがイヤだということをあなたにはっきり伝える。
あなたの言っていることは受け入れません。そして、私はこれからは自分を守るために、
あなたから離れ、あなたのような人がいない世界で幸せになります。

怒ったり、泣いたりしてしまっても大丈夫です。イメージですから、あなたが攻撃し返されることはありません。安心して伝えてみましょう。相手が逃げそうだったら、鎖でがんじがらめにしてもかまいません。

**もしも、一人きりで相手と向き合い、しっかり伝えることが怖かったら、あなたの味方になってくれる、世界中の「同じような経験をした、やさしい人たち」のことを思い浮かべてみましょう。その人たちはあなたの後ろにいて、あなたのことを理解しながら、一緒に泣いてくれています。そして、あなたが傷つけられたことを一緒に悲しんでくれています。**

その人たちの存在をしっかりと感じながら、もう一度、こう言いましょう。

「私はもう、あなたの言いなりにはならない」

それをイメージの中で言うことができたら、「よく言えたね」「よくがまんしなかったね」と、自分を抱きしめて褒めてあげてください。

「私があなたを守ってあげるね」「もう気にしなくていいからね」「いつも見ているよ」「いつも守ってあげるからね」と、怯えている自分に言い聞かせてあげます。あなたの潜在意識はとても怖かったのです。震えている子どものようなものですから……。

これが自分を守るプロセスです。よく自分を大切にしてあげられましたね。おつかれさまでした。

これが終わったら、心の中でずっとその人に縛られていた自分を、今度は充分に現実で労ってあげてください。「今までつらかったね」と慰めながら、温かいお風呂に自分を入れてあげてもいいですね。美味しいものを食べさせてあげたり、思うままに泣かせてあげても大丈夫です。

今までがまんしてその人たちに苦しめられ、囚われてきたぶん、あなたが嬉しい、安心できると感じられることをたくさんしてあげてください。こうすることで、潜在意識の中にある感情がどんどんやさしく、愛へと変化します。

**あなたは怒っていいし、慰められていいし、人から心配されていい、人から共感されていい、世界にたった一人の大切な命なのです。**

**そして、つらい思いをするたび、こうして怖さを感じ、怒りを感じ、その人から離れるイメージをしていきましょう。**

クライアントのOさんは、それまで怖い上司の下で、毎日をつらい思いで過ごしてきました。転職したいと思っても、なかなかそれもできない。怒鳴られる日々の中、長い間苦しみを感じ、がまんしてきました。しかし、このワークを習ってから、心の中で相手に怒り、自分を大切にできるようになりました。すると、セルフイメージが上がり、上司のことが気にならなくなったんですね。その結果、堂々と意見を言えるようになり、上司もOさんのことを尊重するようになったのです。

Oさんは今、別の会社で働いています。しっかりと上司「のような人」に対する怒りは感じたまま、もうその人たちとは関わることなく、輝きながら生活しています。

# 明日を希望の日にするためのおやすみなさいのワーク

子どもの頃、あなたは鉢に入った小さな小さな花のつぼみをもらいました。まだ幼かったあなたは、どんな花が咲くんだろう！　と、もらった花がかわいくて、とても大切にしていました。毎日楽しみにその花の鉢植えを眺めています。花もやさしいあなたのことが大好きで、あなたになついているようでした。

でも、目を離した隙に、誰かがゴミを捨てていきました。あなたは悲しくて、そのゴミを拾います。その隣で、「こうしたほうがいいよ」と誰かが濁った水を花にやりました。「やめて！」と言うけれど、その人たちは「これは肥料になるから」とか「どうせ水だから一緒だよ」と言って、花にやり続けます。その結果、花はしおれてしまい、ぐったりと元気をなくしてしまいました。あなたは悲しくて仕方ありません……。

実は、この小さな花のつぼみの鉢植えが、あなたの潜在意識であり、あなた自身です。
そして、ここでのゴミ、濁った水とは、「愛情のない言葉や態度」のことです。

私たちは、神様からたったひとつの自分という花のつぼみをもらっています。けれども、目を離したり、鵜呑みにすることで、その花のつぼみを咲かせられなくなっているんですね。

ここで大切なことは、あなたが自分という花に対して、しっかりと意識を向けてあげること。目を離すと、誰かが「こっちのほうがいい」ということが入ってきてしまいます。目を離さず、いつも注意しながら、きれいかな、どうかな、この水は合うかな、ほかの人がこの子にちょっかいを出していないかな、この子はちゃんと陽に当たっているかな、そんなことを常に気にしながら、大切に大切に、このつぼみが喜ぶものを与えてあげる必要があります。

それを、あなたにしてあげるということなんですね。ではここで、具体的な質問をしていきますね。

今日はやりたいと思っていたことができましたか？　できなかったら、明日はどんなふうに私がしたいことをさせてあげたい？

今日はイヤなことがありましたか？　もしあったとしたら、明日はどんなふうに私をかばってあげたい？

今日の疲労はどれくらいですか？　もう少し私を楽にさせてあげるために、明日、どんなことができますか？

今日は食べたいと思っていた物が食べられましたか？　もしできなかったとしたら、明日はどんな物を食べさせてあげたいでしょう？

今日、イヤなことをがまんしてしまいましたか？　明日はがまんせず、私をそこからそっと離してあげよう。

今日、頑張った自分に何て言ってあげたいですか？

もし泣いてたら、慰めてあげる。もしつらかったらがまんしないで、誰かに助けてもらおうね。

今日、あなたのことを大切にしてくれる人とだけ関わることができましたか？　もしできなかったとしたら、明日は私は誰と関わり、どんな人のことを考えたい？


これらの問いかけに、毎日答えるクセをつけてみてください。そして、答えが分かったら、明日はもっと嬉しいことをしてあげる。明日はもっと、私というつぼみを大切にしてあげる。

こうして、明日を希望の日へとつなげてあげてください。毎日するのは難しいという人は、気づいたときに自分と話すだけでもいいんですね。

もちろん、寝るときは、「今日もよく生きてくれたね、ありがとう」と、やさしい言葉をかけてあげることを忘れずに。もしかしたら、明日起きたら、あなたという花がとてもきれいに咲いていているかもしれません。そして、その花に、きれいな蝶々が集まって、嬉しい気持ちになるかもしれませんね。

さあ、そんなことに期待をしながら、ゆっくりとおやすみなさい……。

# 腹の底に隠した怒りが不幸を呼ぶ幸せになれない苦しみを終わらせる方法

「こんなにやってるのに、なんでいつまでも幸せになれないの！」という怒り。まるでマグマが燃えさかるようなそのエネルギーはとても強く、しかし、それをずっと体に抱えていると、さらに怒るような現実を引き寄せてしまいます。

私たちはその怒りがあることを、できるだけ気づかないように生きています。しかしそれが積極的に自分の肉体の快もマヒさせるようになり、その結果、「楽しい」「嬉しい」「心地よい」といった幸せな引き寄せの元になる快の感情を止めてしまっているんですね。

そして怒りとは、二次的な感情です。

つまり、怒りは付属品で、元になるのは別の感情だということ。

では、オリジナル感情にはどんなものがあるのでしょうか？　実は、ここはほとんどが愛に関するものなんですね。

○私は本当は愛されたかった。でもあの人は私のことを愛してくれなかった
○私は本当はもっと大切にされたかった。でもあの人は私のことを大切にしてくれなかった
○私は本当はもっと注目してほしかった。でもあの人は私に注目してくれなかった
○私はもっと自分を優先して一番に扱って欲しかった。でもあの人は私を優先してくれなかった
○私はもっと褒められたかった。なのにあの人は私を評価してくれなかった
○私はあの人を信じていたのに、あの人は私を裏切った
○私はもっと理解されたかった。なのにあの人は私を理解してくれなかった
○私はそのままで愛されたかった。なのにあの人は私に条件づけをした

愛していたのに、愛されなかった痛み。悲しみと苦しみ、孤独感、焦燥感、やるせなさ、いたたまれなさ、絶望と、諦め。

愛が叶わない経験をすることで、私たちは悲しみや絶望を感じ、そして、怒り狂うんですね。そして、この怒りがあることで、人生は「さらに自分が怒らなければならないような出来事」を引き寄せ続けます。つまり、大事にされない怒りを抱えたままなら、その怒りが引

き寄せのベースになり、より大事にされない現実を引き寄せてしまうのです。

こんなときは、自分がこんな愛に関する痛みを抱えていた、そして、愛されなかったことに怒り狂っていた気持ちを認めながら、怒りの感情を感じきってみましょう。具体的には、一人きりの部屋で、怒りを感じながら、暴れたり、泣き叫びながら、この怒りを発散してあげることが大切です。

「なんで愛してくれなかったの!! なんで分かってくれなかったの!」

心の赴くままに、あなたの感情を感じてあげて大丈夫。自分の肉体を傷つけないことだけ気をつけながら、充分に発散して怒り狂ってみましょう。

**それくらい、怒り狂うほど苦しかった。**
**それくらい、怒り狂うほど、愛されないことがつらかった。**

それくらい、理不尽な目にあってきた。

それくらい、頑張ってきた。


その自分が抱える痛みの大きさや悲しみを知りながら、充分に怒りを感じてみましょう。

そして、感じることが終わったら、その自分が本当は悲しかったり、苦しかったり、つらかったことを、今度は自分を抱きしめながら泣いてあげてください。


それくらい悲しかったんだね。

それくらい、ずっとがまんしてきたんだね。

それくらい、ずっと耐えてきたんだね。

それくらい、ずっと寂しかったんだね。


本当は怒りたいわけじゃない。でも、あまりにも苦しみをがまんさせられてきたからこそ、怒るしかなかった自分がいる。その自分を抱きしめ、つらさや苦しみをすべて、ありのまま受け止めてあげてください。

そして、やさしく抱きしめながら、その自分に教えてあげましょう。

もう、愛されないことは終わったんだよ。
もう、愛さない人に関わるのはやめていいんだよ。
もう、これからは私があなたを大事にしてあげるね。
もう、これからは私があなたを認めてあげるね。
だから大丈夫。もう大丈夫だからね。

こんなふうにまるごと感情を受け止めてあげることで、怒りも、その下にあった悲しみも癒えていきます。

こうして感情の解放が終わったら、ここからあなたを充分に甘やかしてあげてください。充分に自分に好きなことをさせてあげたり、自分にやりたいことをさせてあげましょう。こうして怒りを捨て、愛を満たす。そして、関わりたい人と関わっていく。感情を変え、在り方を変え、世界を選び直すことであなたの人生は変わっていくのです。

# 神様はいつもあなたがやり直すことを許してくれている

自分の中に許せない自分がいる。私たちは誠実に生きたいと思うからこそ、過去、自分が他人を傷つけてしまったことや犯してしまった失敗を許せず、頑なに心を閉ざしてしまうことがあります。周囲の人がどんなやさしい言葉を言ってくれたとしても、でもそれを受け取れない。それを飲み込むことができない……。

そんなときは、あなたの命……神様の存在を感じてみましょう。

あなたの神様は、あなたがずっと頑張っていることを知っています。

あなたがずっと、後悔してきたことも知っています。

だからこそ、あなたに「もうやり直していいよ」と言ってくれているんですね。

自分を許さないところに居続けてしまうときほど、実は、どんな改善もありません。けれど、失敗したら、やり直し、「今度はどうすればいいかな」ということをしてあげれば、それが一番の贖罪になります。

傷つけたならやさしくしよう。

ひどいことを言ってしまったら、これからはやさしい言葉を使おう。

失敗したのなら、次は失敗をふまえて、改善した行動をとってみよう。

あなたの神様は、いつでもあなたがやり直すことを見ていてくれます。そして、あなたがやり直したとき、「よく頑張って学びましたね」と褒めてくれます。

人は誰しも間違える生き物です。

しかし、「生きている」ということは、あなたの命から……神様からやり直すチャンスも、同時に与えられているのです。


**生きているからこそ、私はもう一度やることを許されている。**

そんなふうにアファメーションしながら、「本当はずっと許されていいあなた」を感じてあげましょう。

女性として生まれたことを慈しみ、

女性としての感受性をおしみなく感じ、

女性として、美しく愛される

ただ、女性として在ることを受け入れるだけで

見たことのない、美しい私が花開き

巡り会ったことのない愛に、巡り会う

# 第2章

# 華やかに生き、愛される女性として生まれ変わる「感受性開花」

# 気づけば知らないうちに愛されている未来先取り法で愛を現実にする

この章では、あなたが本来、生まれながらに持っている素晴らしい「女性性」を花開くためのレッスンをしていきます。

女性性とは、文字どおり「女性」としてあなたが生きること。それは、あなたの本質でもあります。あなたがあなたらしくいられるようになると、男性は、あなたの感性に感動したり、感心したりするようになります。

それは、たとえばちょっとしたことかもしれません。ちょっとしたお礼のメールだったり、ちょっとした気遣いだったり、ちょっとした笑顔。あなたが「自分がいいと思う」ことをしているだけで、それがほかの女性にはない輝きを持ち、男性はそこに目を奪われます。なんだか、あなたのことが気になって仕方ないのです。そして、あなたと関わりたいな、と思うようになります。

彼はあなたに興味を持ち、あなたのことを気にするようになります。知りたいな、と思うようになり、さまざまなことを聞いてきます。もうこの時点で本当はすっかり恋に落ちているのですが、男性はまだそれに自分で気づいていません。でも、すでにほかの女性のことは目に入っていません。

あなたの感性がどんなふうにつくられたのか、いつからそんなふうに振る舞っているのか。何が好きで、普段はどんなふうに生活しているのか。そんなことが気になります。

そして、あなたとの会話や連絡を嬉しく思うようになり、一喜一憂するようになり、その時点で恋に落ちている自分に気づき、降伏します。

あとはもう、あなたのことを知りたくて、あなたに喜んでもらいたくて、さまざまな質問をすることでしょう。ロマンチックな夢を叶えたり、あなたに苦労させたくないと思い、あなたがいないときは自分が今までになかったような寂しさを抱えていることに自分で驚きます。こうなると、もう、あなたとずっと（物理的にも精神的にも）一緒にいたいと願うようになります。これが結婚ですね。

こうした一連の素敵な恋の流れは、あなたが自分を本当の意味で女性として認めることからはじまります。ドキドキしましたか？　未来にときめいたなら、恥じらいながらも、今まで信じられなかった未来の可能性が、今開いたことをそっと受け取ってみてください。

それでは、恋するあなたを花開かせるレッスンをしていきましょう。

# 女性としての自分を受け入れれば、女性として愛される

私たち女性は、「女」として、男性に愛される存在です。女性としての自分を受け入れるとは、美や、やさしさを受け入れるように、「愛される存在だ」ということを受け入れることが大切なんですね。そして、愛されるためには何かをするのではなく、ただ自分が女性として在るだけでいいと、知っていましたか？

もし抵抗があるとしたら、それは、私たちが「何者かにならなければ愛されない」と、常に条件づけの愛を提示されてきたせいです。

完璧にならなければ愛さない、言うことを聞かないと褒めてあげないよ。

あなたが私の思いどおりにならなければあなたを好きにならないよ。

私たちは常に、こうした「周囲の価値・信念」に振り回されてきました。そして、心がすっかりこの条件づけに慣れ、疲れきってしまっているんですね。

すると、疲れた体や心は、私たちから本来の魅力的なエネルギーを奪ってしまいます。そして、私たちがありのままの女性という存在であることを諦め、さらに、「どうせ私なんて」

と不幸な未来を自分で決め、愛されることからも自ら背を向けてしまうのです。

けれど、あなたは本当は愛される未来を否定したいわけではないはずです。自分が不幸になることを決めたいわけではないはずです。


「本当は、愛されたい」。ここでもう一度、ありのままの姿に戻ってみましょう。

誰かの価値・信念に自分を合わせるのではなく、生まれ持っている感性ややわらかさ、やさしさに心を開き、私が私であるという「生まれながらの女性的であるという価値」を受け入れていきましょう。


まずは女性としての私を受け入れるアファメーションをしていきましょう。


**私は男性から愛され、求められる「女」という存在です。**

**私は男性を必要とし、男性もまた、女性を求めます。**

**私は美しいものやかわいいものを好み、それに囲まれて生きることを好みます。**

私は穏やかで平和であることを望み、争いに巻き込まれることを望みません。

私はガラス細工のように繊細で、傷つきやすい心を持っているもろい存在です。

私はとても感受性が強く、少しのことで揺れてしまいます。

私の体は花のように傷つきやすく、手入れをしなければならない存在です。

私は人からの愛を常に必要とし、人からの悪意で枯れてしまう存在です。


私の愛は無限で、まるで海のように相手を包み込むことができます。

私のやさしさは男性を満たし、私の温かさは男性の心を潤します。

私が微笑むだけで男性は歓喜し、私の悲しみが男性を無力にします。

私の感受性が男性の人生を豊かにし、男性が持たない平穏を与えます。


男性は、私の弱さを愛し、私の弱さを助けようとする存在です。

男性は、私を傷つけることを憂い、私の喜びを糧とする存在です。

男性は私が持たない強さと力を持ち、私を支えることで強さを発揮します。

男性は私を必要とし、私から褒められることを望み、私に注目されることを人生の喜びとします。

**私は男性から必要とされ、愛される女性であることを受け入れます。**

いかがでしたか？

このアファメーションは、男性が持つ男性性と、女性が生まれながらに持つ女性性を表しています。人それぞれ個性や多少の差はありますが、基本的に男性と女性はこんなにも温かい女性性と男性性でつながることができます。

**ときに男性の太陽となり、ときに男性の月となり、二人でひとつの存在として互いを支えあう男性と女性。女性が女性であることを忘れ、無理をして何者かになろうとするとき、この陰陽のバランスを崩してしまうのです。**

**空が大地を必要とするように、太陽が月と対のように、あなたがありのままの女性でいるとき、男性もまた、あなたを支える存在として世界に存在することができるのです。**

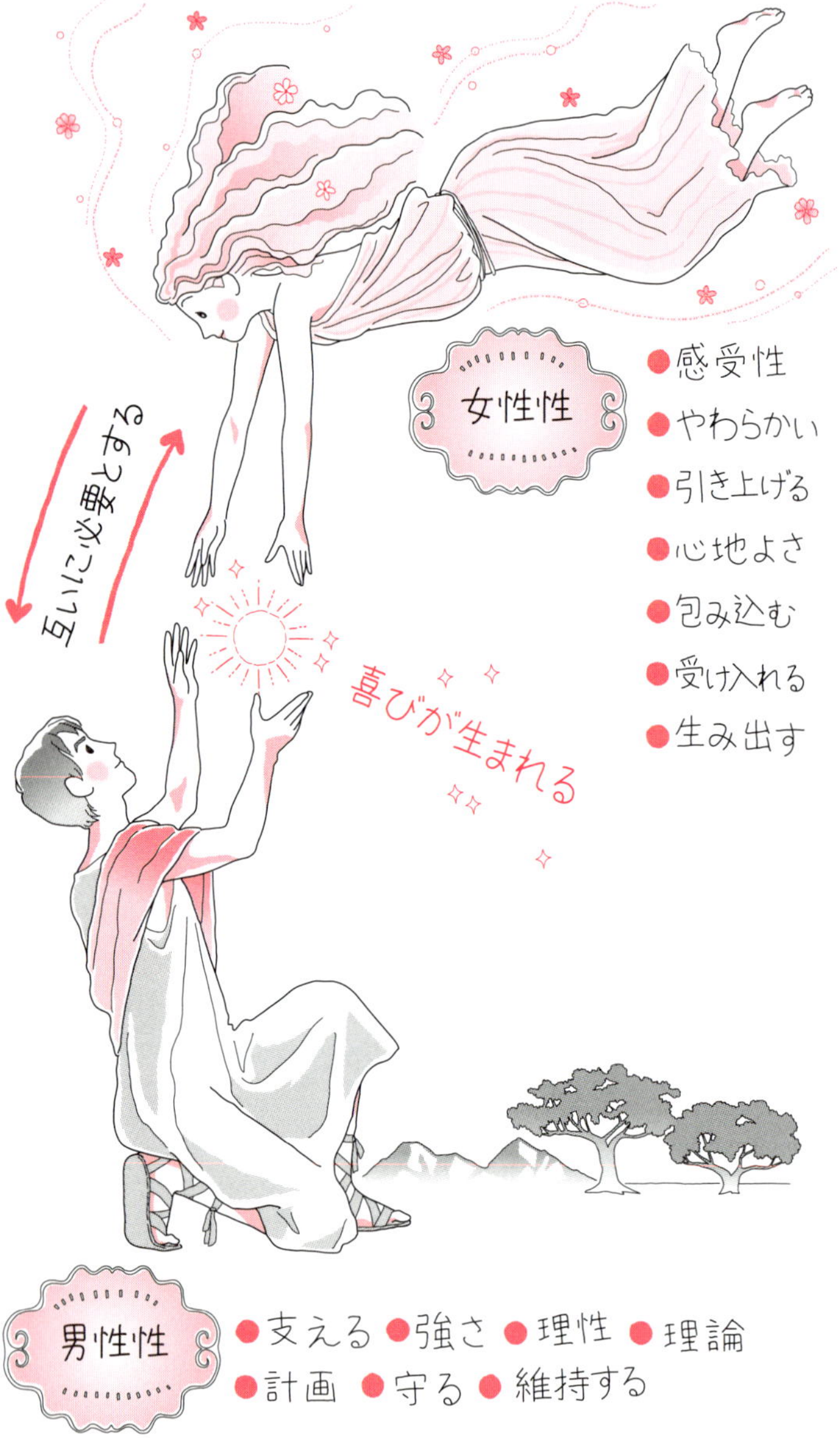
女性性
●感受性
●やわらかい
●引き上げる
●心地よさ
●包み込む
●受け入れる
●生み出す
互いに必要とする
喜びが生まれる
男性性
●支える ●強さ ●理性 ●理論
●計画 ●守る ●維持する

# 男性から求められるあなたになる方法
# 男性への価値・信念を変える

それではここでさらに、男性が具体的に女性に求めているものを知っていきましょう。ここで知っていくのは、男性が本能的に女性……あなたを愛するために求めているものです。

相手を受け入れるということは、相手を理解し、心から共感し、同意し、相手の存在にOKを出す在り方です。あなたのことが分かるよ、そのままでいいよ、そうだったんだね、そんなふうに心の中で言えたとき、目の前にいる人は「分かってもらえた」という安心感を抱きます。私たち女性が安心感を求めているように、男性もまた、この関係に安心したいと常に願っているのですね。

男性への思い込み（価値・信念）を変え、包み込むように相手を受容する。

そんな美しい女性になるために、相手を理解していきましょう。

**男性も「すごい存在」ではありません。**

それゆえに、女性のやさしさや、受け入れてもらうことを望んでいます。あなたがふと「体に気をつけてね」と発する言葉や、「仕事頑張ってるのね」とねぎらってあげること……。そんなふうに接してもらうだけで、心が救われたような気持ちになります。ポーカーフェイスであったとしても、こうした言葉を切望しているのです。

**男性は、あなたの美しさを必要としています。**

ここで必要としているのは、あなたの在り方や、思い、心の美しさ、感受性の強さなどです。あなたが自分といるときに感動した話をしてくれたり、心から楽しんでくれたり、ふと空の美しさに感動して足を止めたり。そんな繊細な感性に憧れ、自分には理解できない、繊細な世界を見せてもらえることを望んでいます。

**男性は、強さも持ってます。**

いざとなったら弱いものを守り、あなたが傷つかないようにあなたの前に立ち、あなたをかばってくれます。自分が痛みを抱えていても、自分のことより愛する人を優先し、あなたが傷つかないように、あなたが幸せでいられるように頑張りたいと思っている。そんな心を持っています。

**男性も必要とされたいと思っています。**

自分だけが特別な存在で、自分にしかできないことがある。そのことを男性も強く感じたい、求められたいと思っています。どんな小さなことでも頼られれば嬉しいですし、自分が役に立っていて、この世界にいていいと思え、誇りにすることができます。あなたに「必要としている」と言ってほしいのです。

**男性が苦手とすることもあります。**

人の悪口や、ずっと引きずって文句を言われること。その場で解決できないことなどは苦手です。もちろん、苦手な仕事もありますし、嫌いな上司もいる、つき合いよりも自分が自由に遊びたいと思っている部分もあります。

**男性も愛したがっています。**

自分が憧れる存在に、そっと花を差し出したり、美しいと褒めたり、素敵なレストランで食事をしたり。デートもしたいし、何よりも、自分が好きな子を喜ばせたいと思っています。

あなたに見せなくても、陰でこっそりおしゃれになりたいと思っていたり、素敵ねって言ってもらいたかったりします。

**男性も、私たちと同じ人間です。**

人に傷つけられれば痛みますし、過去の苦しい恋愛について聞かれれば、口ごもることもあります。自分を受け入れてくれる人がいないときは孤独を感じ、なんで生きているんだろうと考えることもあります。愛したいと願い、求められたいと願い、褒められたいと願い、豊かでいたいと願い、「あなたでなければダメ」と言ってくれる存在を求めています。

**男性だからといって、私たちと大差があるわけではありません。**
**同じように心がある。同じように思いを、強さを、弱さを抱えて生きている。**
**許されたいと願い、たった一人のかけがえのない存在だよと言ってもらいたいと願っている。**

こうした気持ちを持っていることを受け止め、「理解する愛」を潜在意識のレベルで持てたとき、あなたはすでに愛される女性となっています。

# 誰もが心の中で求めているやさしい女《ひと》になるテクニックではない、あなたの愛のアファメーション

男性、女性、大人、子どもにかかわらず、誰もが人にやさしさを求めています。しかし、そのやさしさとは表面的なものではなく、もっと芯から抱きしめてもらえるようなやさしさなんですね。多くの人がテクニックや言葉だけを追ってしまっていますが、そうしたやさしさをつくったとしても、いつか破綻してしまいます。

では、本当にやさしい女性とはどんな人でしょうか？

ここではさらに、母性やあなたの感情を使ってやさしさを広げていきます。

それではまず目の前に、あなたの将来のパートナーがいるところを想像してみてください。

彼は一見、何も問題がなさそうに見えますが、あなたと同じような心の傷を抱えています。

親に理解してもらえなかった痛みを持っています。

愛する人に理解してもらえなかった苦しみを持っています。

人との関係に悩むことがあり、いつも完璧でいられるわけではありません。

仕事でうまくいかないことも、自分に対して苛立ちを抱えることもあります。

誰にも分かってもらえない、孤独と寂しさを抱え、自分と同じような気持ちでいてくれる人を探しています。


彼にそっと近づき、あなたは彼の気持ちを理解し、彼をやさしく抱きしめてあげてください。

そして、こう伝えてあげましょう。


今まで寂しかったね、誰にもそのことを言えなかったね。

今まで本当に苦しかったね。でも、人に見せないようにしていたんだね。

泣いてはいけないと思っていたんだね。泣いたら自分が壊れてしまうような気がしていたんだね。

弱くいることを禁じられ、いつも強くあることを求められ、社会の一部になることを望まれ、頼れる者であることを求められ、その期待に応えようと一心に頑張っていたんだね。

でもね、もう大丈夫だよ。

私の前では、そうした鎧を全部脱いで大丈夫だからね。

愛されたいときは、私を求めてくれていい。

許されたいときは、私があなたを許してあげる。

あなたの痛みを私は誰よりも理解します。

あなたの孤独を私は誰よりも理解します。

あなたがこの世界でたった一人の存在だということを理解し、
あなたを心からまるごと愛しています。

こうして伝えてあげることができたら、目の前の男性をやさしく包み込みます。
誰にも言えなかった苦しみがあなたの中に流れ込んできて、
今まで誰にも分かってもらえなかったつらさをあなたに理解してもらっている。
あなたの腕の中で彼は安心し、ようやく涙を流すことができます。

**あなたのやさしさに癒され、あなたのやわらかさ、穏やかさにほっとし、戦っている気持ちをおろすことができます。**

あなたのことが大切よ、そんな気持ちを込めて、充分に抱きしめてあげてください。

あなたが心から相手を理解し、相手を大切に思う。

自分と同じように、相手もまた、たった一人の人間だということを受け入れて、受け止めて、あなたがあなたに第1章でしたように、理解し、穏やかに愛という感情を注ぐ。

根底にこうした愛がある女性ほど、男性から求められます。

そしてあなたは、この愛を心の奥に隠し持っていました。今、あなた自身の愛と美に心を開き、あなたが美しい存在だということを受け入れたとき、すべてが変わります。

# 「どうしてこんなに合うんだろう」と思う最高のパートナーと引き合う法則

多くの女性が、男性と巡り会うために必要なことは、美しさや、年齢や、目に見えるはっきりした魅力だと思っています。しかし、本当に運命の人と巡り会うためには、こうした目に見えるところを磨いても無理なのです。

その理由は、男性と引き合う一番のポイントは、「在り方」にあるからです。在り方とは、行動パターンや会話のパターンのこと。第1章で自分の本質的な美しさを認めましたね。そのときに認めた、「人が見ていなかったとしても私がずっとしてきたこと」が、あなたの在り方になります。

**なぜ在り方が大切かというと、「はっきりと言葉にすることができなくても、自分と同じ価値信念や考え方を持ち、人生をしっかり生きている」と認識されるからなんですね。これは、潜在意識レベルの一致です。**

たとえば、誰も見ていないけれど誠実に仕事をする、という在り方。

これは、まじめに人生を生きている証拠ですし、同じように生きている男性から見れば、自分とまったく同じ価値信念を持って生きている素晴らしい共感を生みます。

いつもきれいにして女子会や趣味にとアクティブにすることも素敵ですが、でも、男性がいつも着飾ってパーティばかり行っていたとしたら、その相手と誠実な結婚ができるとは思えないと思います。


人生でずっと一緒にいる人だからこそ、煌びやかな側面よりも、実直に、ありのまま生きている姿が美しく映る。

そして、そんな人と巡り会うためには、自分自身の在り方を変えていく必要があるんですね。


**誠実な人を引き寄せたいのならば、誠実な行動を。**

**人にやさしい人を引き寄せたいのならば、人にやさしくする行動を。**

**すてきな人を引き寄せたいのならば、女性らしさを磨く行動を。**

**あなたがあなたの在り方を変えられたとき、あなたに合致するパートナーが現れます。**

# 争いばかり引き寄せていたのはなぜ？男性のように強くなってしまった理由

女として生きていたい。でも、なぜか男性化して生きている。

この言葉に胸が痛む人もいらっしゃるかもしれません。実はこういう方は少なくなく、「女性らしくなれないんです」「男みたいになってしまって」という悩みをうかがいます。

ご本人は、自分が女らしくないと悩んでいらっしゃいますし、そもそも女性性がないのではないか……と苦しまれるのですが、実はこれは思い違いなんですね。

**なぜかというと、男性化してしまっている方ほど、実は生まれながらに強い女性性を持っています。しかし、今まで女性としての自分を傷つけられた経験が多かったからこそ、その結果、男になって自分を守るしかなかったのです。**

女性として女性らしく生きるとは、自分の繊細でやわらかい感受性をすべてあらわにしながら、丸腰で生きるということ。

つまり、とても無防備な状態なんですね。

けれども、もともと無防備に生きていたところ、心ない言葉を言われたり、誰かに傷つけられてしまった……そうした経験があると、自分がこれ以上傷つかないように、苦しい思いをしないように、「女性で在ること」を捨てるようになります。

意図的に男性化して、自分を守ろうとするのです。

**男のように強くあれば、もう誰からも傷つけられることはない。**
**男のようになってしまえば、もう弱さを見せずにすむ。**
**男のように振る舞っていれば、最初からイヤなことを言われずにすむ。**
**男のように力を強調すれば、もう誰も私を餌食にしない……。**

とてもとても悲しい過去があったのです。

男性化してしまうと、人を愛しやさしくしようとするよりも、戦うようになります。

何か焦ったり、自分を大きく見せなければとするのもその影響です。人と自分をくらべてしまうのも、この影響ですね。戦って勝つのが安心、となってしまうのは男性性です。

# やわらかい私の感受性を軸にして生きる。心を守りながら女性として愛される方法

では、こうした状況はどう変えていくのがいいのでしょうか？
それは、自分が繊細な女性であるということを受け入れながら、その繊細な感性や心を持っている自分を軸にして、自分が傷つかないように「守りながら生きる」ことを採用することが大切です。

まずは、自分の繊細さを受け入れるためのアファメーションをしていきましょう。

**私は私の弱さを知っています。**
**人にちょっと言われた一言でも傷ついてしまったり、**
**でもそのことを相手に打ち明けることができなくて、**

結果、たくさん苦しんでしまうような繊細な感受性を持っています。
私の心はとても臆病で、恐がりで、
本当にこの人は信じて大丈夫なのかな？
本当にこの人は私を裏切らないでいてくれるのだろうか、
そんなふうに、いつも疑問を持ってしまうくらい、繊細な心を持っています。

私は今までの過去の影響で、とても苦しんできました。
私はたくさんの人に傷つけられ、その自分を守れずにいました。
傷つけられても仕方がないと思っていて、私が悪いからとそれを受け入れてきました。

でも、もう、私は私が傷つくような言い方や、態度や、接し方を受け入れたくありません。
私は誠実に接してくれる人、私を大切にしてくれる人、
私に興味を持ってくれる人、私に同意してくれる人だけを受け入れます。

こう自分に言い聞かせてあげた上で、今まで「女性としてやわらかい心で生きられなかった自分」がいることを認め、抱きしめ、やさしくなぐさめてあげましょう。

次に、今まで自分が傷ついてきた人からの言葉や接し方をもう一度振り返ってみます。たとえば、無視されたり、嫌味を言われたり、自分の心がちくっと痛んだことでもいいんですね。暴力だけではなく、小さな心の痛みがあることをしっかりと感じながら、どういうことが自分はイヤだったのか、ということを考えてみます。実際に書き出してみてもいいでしょう。

そして、「私はこれらを受け入れない」と、決めてください。

その上で、目の前に今まで傷ついてきた自分をイメージしながら、次のアファメーションを唱えていきます。

**今までたくさん傷ついてきたね。今までたくさん痛みを感じてきたね。**
**でももう、あなたがイヤだということを私はしっかり記憶しました。**
**あなたがイヤだということを無視せず、あなたがつらい目にあったら、私があなたを守り、あなたが傷つかない場所に連れて行ってあげるからね。**
**あなたがつらいことがあれば、そのつらさを見過ごさず、あなたの泣きたい気持ちに寄り添い、あなたを抱きしめながら泣かせてあげるからね。**

怖い人がいたら、あなたを別の場所へと移動させてあげる。
あなたが苦しい言葉を言われたら、あなたをその人がいない場所に連れて行ってあげる。
もしもすぐにその場から離れられなかったとしても、
あなたの心が傷つかないように、私がその言葉は「鵜呑みにしないでいいよ」と言ってあげる。

こう伝えることができたら、しっかりと、あなたの中の繊細なあなたを抱きしめてあげましょう。

---

**私が私の心を理解し、痛みを理解し、その私が傷つかないように別の場所へ移動させてあげたり、鵜呑みにしないでいいよと言い聞かせてあげる。**
**私が私を心から大切にしながら、私の存在をまるごと抱きしめ、私の心を守ってあげる。**

こうして、あなたの心への理解と共感、そして、あなたを守る在り方が一致させられたとき、あなたはもう必要以上に傷つかない人生を始めることができます。

# 暴力的な言葉を受け入れていると、暴力的な愛を受け入れてしまう

私たちの不幸をつくっている一番の要因。そのひとつに、「慣れ」があります。

「慣れ？」「そんなに簡単なものなの？」って思いますよね。

けれど、これは本当なんです。なぜなら、繰り返される経験が潜在意識に定着するからなんですね。いわゆる不幸を受け入れてしまった（受け入れさせられてしまった）のも、慣れによる諦めです。

本来、自分への否定は暴力です。それが言葉であったとしてもです。攻撃的・否定的な言葉に慣れていると、「脳がダメージを受けることに慣れてしまう」ため、進んで自己犠牲などを受け入れてしまいます。そして、それが長時間続くと、「マゾヒスティックな体質」ができ上がってしまうんですね。

つまり、虐げられて、否定されて、使われて、疲れて当然な私になってしまうのです。すると、脳は誤解して、だんだんこれをネガティブな快楽のように感じてしまうんですね。「ど

うせ私は」と悲劇のヒロイン体質ができ上がります。ここが、人生をなかなか変えられないやっかいなところです。

こういった状態になると、人生を変えていくためには、「自分の感覚を変えていく」「自分の感性を変えていく」というためのリハビリが必要になります。

こうした体質を根本から変えるために、ワークをしていきましょう。

（自分の過去を思い出しながら言ってみてください）

**私は無視されることに慣れていました。**
**私は否定されることに慣れていました。**
**私は拒絶されることに慣れていました。**
**私はダメだと言われることに慣れていました。**

（過去の自分の気持ちを思い出しながら言ってみてください）

でも、本当は温かく抱きしめてほしかった。
でも、本当はやさしくいつも笑顔でいてほしかった。
でも、本当はいつも褒めてほしかった。
でも、本当はいつも見ていてほしかった。

（言いながら、自分がやさしくされているところをイメージしてみてください）
そして、私は温かく抱きしめられることを受け入れます。
そして、私はやさしく笑顔で接してもらうことを受け入れます。
そして、私は人からの褒め言葉を受け入れます。
そして、私は温かく見守られることを受け入れます。

**もうあなたは充分苦しみました。充分頑張ってきました。これ以上、自分を傷つけながら、苦しめながらがまんして犠牲になる必要はありません。あなたは幸せを感じるために生まれてきました。やさしい眼差しで見つめられたり、やさしく抱きしめられたり、素晴らしいねと褒められたり、大切だよという言葉をもらうために生まれてきました。**

こんなふうに自分に言ってあげたら、現実に戻って、抱きしめてあげたり、おいしいものを食べさせてあげたり、温かいお風呂に入れてあげたり、よい香りを嗅がせてあげたり、太陽の日差しの中で散歩をさせてあげて、「温かい感覚」に慣れてください。

その上で、

「ああ、こうして温かい、やさしいことに慣れていいんだね」

こう、最後に伝えてあげましょう。
もう冷たい感覚はあなたの人生に必要ありません。心が温かくなるような言葉、心が温かくなるような感覚、心が温かくなるような感触、これを実感させてあげます。

やわらかい陽だまりのような幸せ。
それは、こうした感覚の中にあるのですね。
あなたはもう、この感覚だけを受け取って生きていいのです。

**愛とは、具体的行動や態度、発言です。つまり、在り方として示されます。**

今まで冷たい態度やキツい言葉に苦しめられ、凍えるような寂しさや不安を抱えていたとしても、温かい言葉やぬくもり、意識を向けられること……これらを受け入れ直せば、愛が自分のスタンダードに変わっていきます。大丈夫、潜在意識はこんなに簡単なことで書き換わっていくんですね。

もしも今まで冷たい感覚に慣れていたのなら、こうした温かさややさしさを、何度も自分に感じさせて、慣れさせてあげればいいんですね。そのときは、意識して時間をつくり、自分に与えてあげるようにしてください。

**毎日10分でも大丈夫。こうして心地よい、気持ちいい、大切にされる感覚に慣れていくと、だんだんと、冷たい世界、冷たい人たちに違和感を感じられるようになります。そして、心地よい、やさしい人たちを見分けられるようになります。**

**こうして慣れていけば、もう、あなたはやさしい愛の世界と引き合うようになるのです。**

# もっと女性になりたかった私…愛すべき自分の女性らしさ、女性としての自分をどう育てれば魅力的になれる？

私たちの心の中に、自分は女性でいてはいけない、自分が女性らしく在ることはおかしいことなんだ、というような価値信念があるとき、私たちは自分の女性らしさや美しさを隠して生きるようになります。

こうした価値信念は、やはり心の傷によってできます。

これらの傷は、殴られるなどのトラウマだけではなく、ちょっとした「からかい」であったり、「揶揄《やゆ》」であったり、嫌味や顔をしかめるなどの態度などでも起きてしまうんですね。

それほどまでに、女性の感性は繊細なのです。

しかし、この心の傷をそのままにしていると、「この世界は私を傷つけるもの」だと思い込み、人に対しても、自分の女性性に対しても心を閉じてしまいます。

こんなときは、まずは自分を癒してあげましょう。

まずは、過去、あなたが女性らしくいるときに、そのことを揶揄されたり、傷つけられた……その瞬間のことを思い出してください。

そのときに傷つけられたその子は、まだあなたの中に存在しています。

そして、花びらのような心を傷つけられた苦しみで、ずっとずっと泣き続けているんですね。

そのいたいけな、健気な姿をイメージしてみてください。

そして、こんなふうにアファメーションしてあげましょう。

**今まで、あなたのやわらかい心を傷つけられて苦しかったね。**

**本当はもっと自分をきれいにしたり、女の子としていたかったんだよね。**

**でもそれができなかったね、つらかったね。**

**女の子でいたかった、おしゃれしたかった、朗らかでかわいくいたかった、**

でもできなかった。それは全部、あなたのせいじゃないんだよ。
だからもう、その傷つけられた痛みを手放していこうね。
もう、ずっとその人のところにいなくていいからね。

これからは、私があなたを守ってあげるね。
イヤな人がいたら、あなたをすぐにそこから連れ出してあげる。
そして、あなたがやわらかい気持ちで生きられるようにしてあげるよ。

これからは、あなたがしたいことしていこうね。
きれいでかわいい、あなたが嬉しくなるようなことを一緒にしていこうね。
あなたの感性で生き、あなたの美しさややさしい心、
そういったことを一緒に表現していこうね。
あなたはかわいい存在なんだよ。

こんなふうに伝えてあげたら、あなたの中でずっと傷ついて泣いていた女の子を、やさしく抱きしめてあげてください。そして、イメージの中でその子が望むようにおしゃれをさせ

てあげたり、大切に扱ってあげたら、あなたの胸の中にその子を戻し、終了します。

**あなたが今、もしも女性として100%生きられていないとしても、そこにあなたの責任は0・1%すらありません。**

**むしろ、きれいで美しかった、純粋だったあなたが翼をもがれてしまったことを、悼み、悲しんであげましょう。**

**その上でなお、あなたはこれから女性として生まれ変わることができます。**

クライアントのTさんは、幼い頃、兄と比較されて、「兄に準ずるように」育てられました。Tさんの好きだった花は親にとってムダなもので、Tさんが笑っても誰も笑顔になってくれませんでした。でも、その孤独だった過去の自分を「そう、お花きれいだね、それが好きでいいんだよ」と言ってあげた瞬間、Tさんの女性性は涙とともに一気に開花したのです。

Tさんはそれをきっかけに、自分を痛めつける不倫という苦しい恋愛を終了させました。

そして今では、最愛の人と結婚し、最愛の娘をこのうえなく愛して暮らしています。

## あなたのネガティブさを愛に変える方法
## 「恥じらい」という奇跡の魔法

引き寄せを成功させるためにとても頑張っているし、ダメな自分を受け入れながらも、それでも自分を認め、セルフイメージを上げようとしている。

「でも、それでもまだ、できない」

まじめで頑張り屋さんなあなたは、こんなとき、なかなか変われない自分のことが嫌いになったり、頑張っても追いかけてくる「自分のできなさ」に涙し、挫けてしまうかもしれません。

けれど、こんなときこそ、私たちを救ってくれるのが「女性性」です。

女性性の本質には、「たおやかに秘す」というものがあります。太陽が出ているときはらんらんと咲いているけれど、夜になるとそっとつぼみを閉じる花のように、花びらを開いたり閉じたりする美しさを持っているんですね。

ここではこの「たおやかに秘す」ことを使います。他人に見せたくない自分がいたとしたら、花びらがそっと自分を閉じてつぼみになるように、そっと「できない私」を恥じらってみるのです。

あ、どうしても掃除ができない自分がいるな……それを堂々とするのではなく、積極的に人に言うこともできないけれど、どうしてもできないということを受け入れ、「でもこれが私なんだ」と、少し恥ずかしいけれど、自分の心にそっとしまっておこう。

頑張っても同僚みたいにサクサク仕事ができない……それは自分でもイヤだし、とても変えたいこと。でも今はそのできない自分を責めるのではなく、「そうだね、頑張ってもできないんだね」とやさしく包んで、この完璧ではない私をまるごと愛してあげよう。

**こうして、自分の中に、できない自分を「恥じらい」として持ってみます。**

**そして、その上で、「できないこともありますが、でも、あなたにしてあげられることもあるんです」と、できることにフォーカスしながら人と接してみましょう。**

**ただ、静かに秘す。でも、こうするだけで、「完璧ではない私」を受け入れている謙虚さが、逆にあなたの魅力として内側から立ち上がるのです。**

# オーラ美人になる方法
## 愛される女性が発しているオーラのつくり方

オーラがきれいな人は、幸運を引き寄せられる。これは事実です。

ではオーラとは何かというと、その人たちの内面が、愛、美しいもの、やさしさ、誠実さ、自尊感情で満たされている状態です。そしてそれを生み出すのに必要なことは、「愛にあふれた自己対話」。自分に話しかける言葉や愛にあふれているからこそ、幸せな感情がわき上がり、それが無言の雰囲気となって現れます。

そしてこのオーラを育てる基本は、常に「自分への労りとやさしさ、理解」を持って自分に接し、24時間いつも自分に対して愛で接することなんですね。

たとえば、疲れてしまったときは、

大丈夫？　無理しないで少し休もうね。あなたがつらくないように、どこかで一緒に休憩しよう。

つらいことがあったときは自分を責めず、

つらかったね、苦しいね。あなたは精一杯頑張ったのに、とても残念だったね。もう無理しなくていいんだよ、よく頑張ったね。もうこれ以上、つらいところに行くのはよそうね。傷ついているのだから、嬉しいことしてあげるね。

今の気分はどう？　ちょっと違和感があったら、立ち止まってその違和感をじっと見てみようね。あなたがイヤなことは、少しでもしたくないから一緒に考えよう。

幸せを感じたら、「ああ、よかった！　もっとあなたが幸せになることをしていこうね。」

つまらないと感じたら、「じゃあこれから、あなたが幸せを感じられるようなことを一緒に探していこうね」。

**まるで愛しい恋人が、あなたという宝物を配慮するように、「何か外側の出来事」があるたびに、あなたに対してやさしい愛ある自己対話をするんですね。いつも気遣い、機嫌を伺い、疲れていないか、大丈夫か、体調は崩していないか、気に入った服を着ているか、常に常に「最愛のあなた」に関心を持つ。**

この自己対話は、自分の軸を知るきっかけになり、さらに、「自分で自分を満たしている」大人の女性のしっとりとした美しさをあふれさせてくれるのです。

# 五感で女性らしさと美を広げよう
## ～五感を使った一人レッスン～

それではここで、さらにあなた自身の五感を使い、引き寄せのパターンを変えていきましょう。これは、「在り方」「感情」「体感覚＝エネルギー」のレッスンです。

私たちは五感によって、さまざまな刺激を受けます。たとえばよい香りがしたら、その瞬間に「あ、いいにおい」と思って、自分の意識が変わり、ほっとして緊張がほどけ、今までギスギスしていた感情も癒されていくことでしょう。

このように、ちょっとした五感の刺激によって、私たちは引き寄せの軸となる感情や体の感覚、ひいては在り方や思考まで変えていくことができます。このメカニズムを利用し、「外側から自分の内側を整える」ということをしていきます。

○視覚

いつもあなたの視界に、美しいものが目に入るようにしましょう。たとえば一輪の花でもいいですし、キラキラしたブレスレット、やわらかいカーテンでも大丈夫です。「あ、これはきれい」と思えるようなものが目に入るだけで、自分の心が穏やかになり、感情が変わります。揺れたり、はかない、美しいものを見ることで、感情が変わっていきます。

○嗅覚

料理のおいしい香りや、香水、アロマなどの香り。きつい香水ではなくても、ちょっとした香りで体の緊張やこわばりを緩めることができます。一瞬香りを嗅ぐだけでも、自分の感情や内的感覚を変えることができます。

○触覚・体感覚

女性にとって体感覚や触覚はとても大切な感覚です。たとえば、お風呂上がりにやわらかいタオルでやさしく体を拭くだけで、とてもケアされ大切にされているという感情を味わうことができますし、エステなどでケアしてもらう、ということも、「誰かにやさしく扱ってもらっている」という高いセルフイメージに変わります。とても敏感だからこそ、体に触れるものを、すべてあなたの心地よさで満たしていく必要があります。

○聴覚

聴覚とは、そのまま耳で音を聴くこと。きれいな音楽が流れていれば穏やかな気持ちになりますし、そうではないときは不快な気持ちになります。

しかし、ここで大切なことは、音楽だけではありません。実は、「言葉」も聴覚に入ります。言葉とは、人が発する言葉であり、そして、自分が発する言葉も含まれます。目で読んでも、実際には耳で音読しているのと一緒なので、本なども聴覚に入ります。つまり、自分が発する言葉も美しいもののほうがよい感情や感覚になりますし、人に対しても気持ちのよい言葉を発したほうが、いい気持ちになれるんですね。褒め言葉、感動、感謝などです。けれど、グチを言ってしまうようなときも、それを言った後に自己嫌悪になることなく、言ってすっきりできたと思えれば、感情がよい方向に変わりますから大丈夫。

そして、いつも自分に対して愛と配慮の言葉をかけていきましょう。

○味覚

食べることは、生きていくことの基本です。いつもおいしいものや健康になるものを食べ（ここは値段の高さではありません）、あなた自身を満足で満たすことが大切です。

# 女性性は五感でつくられる

## 五感で愛を分かち合う
## 〜心地よさを広げる二人レッスン〜

ここまで五感の一人レッスンを学んできました。自分の心地よさや、感情・体の変化を感じてきましたね。

実は、この五感のレッスンはとても大切なのです。なぜなら、この五感の心地よさの分かち合いをすることが、誰かと愛し合うということだからなんですね。

心地よい言葉を分かち合い、一緒においしいものを食べ、やさしく触れあい、よい環境でお互いにお互いを大切に思い合う。こんなふうに心地よさを広げていくことがデートであり、愛なのです。

自分を満たしている状態を分かっていると、こんなふうに、二人で愛を分かち合えるようになっていきます。

# 私が愛したいからあなたを愛する 愛される女性としての引き寄せマインド・レッスン

愛される女性は、実は驚くほどわがままです。ここでのわがままとは、「他人軸」ではなく、「主体的に動く」という意味です。

他人軸とは、「嫌われたくないからこうする」とか、「相手の機嫌が悪くなったとき、どうしていいか分からなくなって、思わず相手のことばかり考えて必死になってしまう」というような、恐怖を中心にした在り方です。

でも、彼女たちは、「自分が愛したいと思い、自分が大切にしたいと思い、自分が自分を大切にしながら相手もまた同じように大切にする」という、「私がしたいという欲求」を中心にした在り方をしているんですね。

**私があなたのことだけしか愛せないから、一途にあなたを愛する。**
**私があなた以外の人に触れられたくないから、貞淑である。**

私はあなたのことが大切だから、あなたのためを思い、何か少しでもしたい。

あなたのことを思うと、自分のことのように悲しくなる。一緒に泣こうね。

私は私に納得したいから、誰も見ていないところでも手を抜きたくない。

私はあなたのことが好きだから、あなたのために変わりたい。

自分のことだと頑張れないけれど、愛するあなたのためだと頑張れる。


**私はあなたのことが大切だから、こうしたい。こうする。**

**私はあなたが好きだから、これをしてあげることが幸せなの。**


愛を与えたい、与えられる自分になる。そして、一心に心で相手を愛する。

私が、何をしたら嬉しいの？　私が、何をしてあげたら喜びに満たされるの？

そして、「私は愛せる人しか愛せない」。

相手の反応ではなく、「ただただ、私があなたを愛しているからこうするだけ」。シンプルにそう思えるようになったとき、あなたは自分のやりたいことをしながら、とてもわがままに生きているのに、愛に満ちあふれた女性（ひと）になれるのです。

# もっとセンシュアルに、花のようなあなたで大切にされる

まるで美しい百合が香り立つように、あなた自身の女性的な魅力が開花する……。

その人がいるだけで周囲が明るくなるような、そんな繊細な女性性。その内側からあふれる目に見えないエネルギーは、私たちの感情と体感覚から生まれます。そして、この体感覚の正体とは、「心地よさ・楽」というもの。

私たちが犠牲的になっているとき、自分の体感覚に目を向けていません。それどころか、自分の感情を抑え、感情を感じないように麻痺させることで、体感覚すら感じないようにマヒしてしまうのです。すると、体は苦しみやつらさに慣れ、その結果、苦しい現実をあえて引き受けるようになるんですね。

ここでは、男性性の強さが使われています。しかし、こういう生き方をしているかぎり、潜在意識は「男」です。女性として幸せになることはできません。

では、実際にどんなふうに体感覚を変えていくことで、感情を解放し、女性らしく愛され

る人生を歩むことができるようになるのでしょうか？

気持ちいい、心地いい、よい香り、やわらかい、温かい、嬉しい、楽しい、やさしい、これらの「楽である・気持ちがいい」という感覚こそが、女性性であり、そのもののエネルギーです。思考を使わずに「感じる」ことで、これらの感覚は開いていきます。

たとえば温泉で何も考えずぼーっとする、美しい花を見て嬉しい、うっとりする。そうすることで、時間を忘れるように穏やかになれるのです。ここではうるさい思考のおしゃべりが止まっています。しかし、思考が止まることで、自分の肉体の感覚を100％感じられるようになり、直接潜在意識によいエネルギーが注ぎ込まれるんですね。

これらが女性的な感受性です。体感覚からよい感情が生まれることで、やさしい気持ちになり、人にやさしく微笑みかけことができる。こうした在り方につながっていますよね。

女性で在るということは、この感受性を生活の中でおろそかにしないことなんですね。すると、男性から見て、「穏やかで」「満たされていて」「喜んでいる」、花のようなあなたに見えるのです。

# 「愛してもらう」ことに慣れていく委ね上手になる女性ほど、尽くされる愛を引き寄せる

自分が心から愛する人に身を委ね、相手に愛してもらい、心地よさややわらかさを感じる。モテる女性ほど、「してもらう気持ちよさ」に抵抗を持たず、男性に対しても「委ねる」ということが上手です。言い換えれば、尽くし上手な男性にお姫様のように扱われる女性は、こうして「委ねてくれる」からこそ、「尽くす」男性が引き合っているのです。

しかし、過去、男性から裏切られたことがあると、男性に委ねるのが怖くなることがあります。「身を委ねたりまかせたりすると、ひどい目に遭う」という信念が生まれ、自分を必要以上に防御してしまうんですね。すると、世界を信頼せず何でも自分でやろうと苦労したり、コントロールしていないと不安になり、緊張し続ける体感覚が続き、結果、一人の状態を引き寄せ続けてしまうのです。

こうした場合は、まず、「やってもらう＝委ねる」ことに慣れていきましょう。ここでは、お金を払ってマッサージを「やってもらったり」、ホテルでエスコート「してもらったり」

することがいいでしょう。お金を払って「してもらう」ことで、「本当にやってもらえるの？」というリスクを避けながら、「やってもらう」ことを確実に体験することができます。

ここで大切なことは、「やってもらったときの楽な体感覚」を自分に憶えさせること。

苦労し続ける人は、この感覚がありません。すべてを一人で背負っていつも一生懸命に頑張り続けなければならない、苦しいよ、まかせられないよ、全部一人でやらなきゃいけないの？という「苦しい体感覚」にはまっているのです。

けれど、「食事をデリバリーしてもらう」「タクシーで運んでもらう」というように、自分が動かなくても他人が自分のために動いてくれる喜びを体全身で感じることができれば、それだけで潜在意識は「尽くされる」ことを受け入れられるようになります。

「委ねてしてもらう」ことを喜んで受け取れる体質に変わっていくんですね。


**あなたがどんな体感覚を持って生きているのか、それだけで、あなたが引き寄せる男性が決まります。**

**「一人で苦労し続ける苦しみ」を感じていれば、あなたに尽くさせる男性が、「楽にやってもらう喜び」を感じていれば、あなたに尽くしてくれる男性が。**

**潜在意識の形が、そのまま引き寄せる男性の質になるのです。**

## 女性としての運命を180度変える愛される生き方とシナリオを選び直す方法

**私たちが今生きている人生は、正確には私たちのものではありません。**

**その理由は、たとえば母親が苦しみながら人生を歩んでいるとき、私たちは親や周囲の在り方から女性というひな形を学ぶんですね。もしも母親が苦しみながら生きていたとしたら、「女性として生きることはがまんすることだ、女性は苦しむものだ」というような価値信念を持ち、自分の生き方に当てはめます。その上、母親を虐げていた父親や周囲を見て、「世界（男性）は女性を虐げる」と信じ込みます。**

このように、私たちは、自分の人生を自分でつくっているのではなく、「誰かの人生を参考にして」つくっています。

ここで大切なことは、教科書が不幸なものであれば、教科書どおりに不幸になり続けてしまうということ。こうしたときは、潜在意識がいつまでも教科書を参考にし続け、なかなか人生のシナリオを変えることができないのです。

では、どうすれば変えられるかというと、「自分を変えるだけではなく、自分が握りしめている教科書（参考にした女性）の人生のシナリオ」も変えていく必要があるんですね。

ではここで、あなたがどんな女性観を持っているか、見ていきます。

**□女性は虐げられるものだ　□女性は自分の意見を通すことができない　□女性は弱者である　□女性はいつも損をする　□女性は容姿や年齢だけで判断される　□年齢がいった女性は価値がない　□女性はいつも奴隷のように扱われる　□女性として生まれたことは犠牲になる運命が決まっている　□女性はやりたいことができない　□女性は性の道具だ**

チェックできたら、過去、あなたのひな形になった女性をイメージしてみましょう。あなたの目の前には誰がいますか？　母親でしょうか？　あるいは、テレビで見たかわいそうな女性かもしれません。彼女たちの苦しみを一緒に感じてあげましょう。

苦しかったね、つらかったね、あなたの苦しみが本当によく分かるよ。
私も同じような思いをしてきたんだよ。だから、あなたがつらいのを理解できる。

まずはこんなふうに伝えながら、彼女たちを慰めてあげてください。そして、つらいつらい思いをしてきた彼女たちに対して、あなたが第1章で学んだ自尊心を教えてあげましょう。

もっとね、本当はあなたは犠牲にならなくていいんだよ。
もっと、自分を愛して、大切にしていいんだよ。
もっと、こんなに苦しまず、幸せになっていいんだよ。
あなたは幸せになるために生まれてきたんだよ。

そんなふうに伝え、抱きしめてあげてください。
そして、彼女たちが泣き止んだら、彼女たちが自由に、いきいきと生きている状態を想像してみます。あなたに見守られながら、とても豊かに生きている……。その彼女たちを、やさしい人たちが取り囲み、労り、やさしくしてもらっているところをイメージしてみましょう。世界は決して苦しいものではないんですね。

**女性はこんなふうに自由に生きていい。**

## 女性はこんなふうに、大切にされ、理解され、無理をしない生き方をしていい。

こうして彼女たちの苦しみを癒してあげたら、その彼女たちからお礼をもらってください。キラキラとした本来の女性としての美しさ……そのプレゼントをもらい、あなたの胸の中に大切に大切にしまってあげましょう。

女性性への否定や苦しみは、このように、世代間連鎖、そして、時代の苦しみを引き受けた結果、起きています。私たちだけが苦しいのではなく、私たちに苦しみを与えた人の中にも、同じ苦しみが存在し、それが連鎖してしまっていたのです。

あなたはこの連鎖を止める力があります。あなたはすでに、その決断をしたのです。

こうしてあなたが生き方を変えるということは、あなた一人の問題ではありません。脈々と先祖代々もらってきた、引き受けてきた苦しみを、今、あなたが終わらせたのです。

そのことを心から誇りに思い、自分をよくやったねと褒めてあげながら、女性としての新しい生き方をはじめましょう。

# 「愛され守られる」引き寄せができていないときの対処法 頑張りすぎている自分の癒し方・なだめ方

「女性としてもっとエスコートされたいし、大切にされたいし、守られたい」

こうした願いがあっても達成できていないときは、潜在意識の中に「守られる」に反する価値・信念あることがほとんどです。

特に多いのが、苦しいけれど、しっかりしなきゃいけないし、ちゃんとしていなければならないという「優等生グセ」。これは、7つの要素の中の価値・信念に当たります。

本来、女性性とは、リラックスや楽な感覚、至福感、許し、温かさ、心地よさ、愛と満足からできています。しっかりしなければというのは、こうした感受性や感覚をすべて押し殺し、100%世間に合わせて機械になる、ということになります。感情を排除し、自分が何を感じていても相手や義務やタスクを重んじるという生き方を、自分で決めてしまっているんですね。これでは「役に立つ人」として認識され、評価されたとしても、「守らなければならない女性」として愛され大切にされることはありません。

こうしたときは、自分で課した義務的・男性的な生き方を、少しずつ緩めてあげましょう。

まずは、目の前に苦しんでいるあなた自身をイメージしてみましょう。そして、なぜ、そんなにしっかりしているの？　そう尋ねてみます。きっと彼女（これまでのあなた）は、誰かの目を気にし、その人に認められることやその人に合わせることを主体として生きてきたのかもしれません。過去に怒られたことがあり、ちゃんとすることが褒められることで、正しいことなんだと信じ込んでいるのかもしれません。

まずは彼女に対して、こう言ってあげましょう。

**あなたの人生は、もうその人たちを満たすためにあるんじゃないんだよ。**
**あなたは本当は、もっと違う生き方を望んでいるんだよね……？**

こう伝えることができたら、アファメーションを唱えていきます。

本当はもっと抱っこしてもらいたかったし、ちゃんとすることよりも、一緒に遊んだり、一緒にいてほしかった。

本当はちゃんとすることで褒められるよりも、泣いていても慰めてもらったり、できなくても助けてもらったり、もっとお話を聞いてもらいたかった。

本当は「ちゃんとしているから」とほったらかしにされるより、もっと私のことを見て、もっとやさしくしてもらいたかった。

本当はこうして完璧でいなきゃと緊張するよりも、ダメな私も許してもらいながら、もっともっと楽に、やわらかく、心地よい毎日を送りたかった。


こうして自分が本当に望んでいた「守られる状態」を明らかにしたら、今まで緊張し、こわばって生きてきた自分を心から抱きしめてあげてください。そして、やさしくこう伝えてあげましょう。


これからはね、そうやって求めていいんだよ。

抱きしめてあげるからね。やさしい言葉をかけてあげるからね。

もっと心地よくしてあげるからね。あなたの望みをちゃんと聞いてあげるからね。

かわいいね、苦しかったね、でももう、こうやって「他人に望んで」いいんだよ。

そして、今までがまんにがまんを重ねて他人のために生きてきたあなた自身が、望みどおり、あなたに手を伸ばしてくる姿を抱き止めてあげてください。

あなたは決して、他人に対して高望みをしているわけではないんですね。こんなささやかな愛を求めていたし、それは求めていいことなんです。

守られる女性は、相手に合わせて完璧になるより、心の中で「あなたが必要なの」と、強烈に相手を求めています。

「私はしっかりしているから、一人で生きられる」ではなく、「一人ではいられないから、愛して、守って、大切にして」「褒めてほしい」「認めてほしい」「やさしくしてほしい」「もっと抱っこして」「一緒にいてほしい」「お話を聞いてほしい」「ずっと私と一緒にいてほしい」そう思っていいのです。

他人を求める生き方を今から始めてみましょう。

# 愛し合う幸せを先に手に入れ、愛の世界を私がつくり出す

女性として報われない愛を繰り返している。いつもどうしてこんなに幸せになれないの？　そう感じながら苦しんでいる場合は、あなたの潜在意識の中に、「女性として報われない」という失恋のシナリオができているのかもしれません。

失恋のシナリオとは、「愛が報われた経験がない」ことででき上がります。実は、この「報われる」とは、自分の愛を相手に受け取ってもらえたという満足感なんです。人は自分がした行為を受け入れてもらえると、「私は受け入れてもらえる人間なんだ！」と自己重要感が上がり、セルフイメージが高まります。でも愛しても受け入れてもらえないことばかりだと、どんどん自信を失い、「愛してもムダ」と、自分から愛を拒絶するようになるのです。

こうした場合は、まず、愛が報われるという感覚を自分に感じさせていきましょう。

まずは、あなたが今まで、他人に対してしてきた愛の行為を、もう一度思い出してみてください。思い出すことができたら、それらの行為を、今のあなたが、過去のあなたからしてもらっているところをイメージしてみます。

過去のあなたは、今のあなたをたくさん思いやってくれています。

あなたの痛みを理解し、あなたの苦しみを理解し、あなたの孤独を癒そうと、側に寄り添ってくれています。

その過去のあなたからの愛を、今、全身で受け取り、過去のあなたから愛してもらいましょう。

その上で、過去のあなたの愛の言葉を受け取ってみてください。

あなたが苦しいとき、私も苦しかったよ。でも、お願いだからもう無理しないでね。

あなたは素敵な人だよ。私がそのことをよく知っている、よく見ているからね。

こうしてあなたの愛の重さや尊さを、しっかりとあなたの全身で感じていきます。

こうして愛を充分に感じられたら、アファメーションをしていきましょう。


**私の愛には価値があります。**

**私は今まで、自分自身の愛に価値がないと思い込んできました。**

**そして、私は私の愛に価値がないと思ってきたからこそ、私が粗末に扱われたり、報われなかったとしても当然だとして、それを受け入れてきました。**

**しかし、もう、私は私の愛が、どれだけ深いか知っています。**

**私の愛が、どれだけ価値があるかを知っています。**

**私の愛が、どれだけ人を救うのかを、身をもって知っています。**

**私は私の愛が、私の愛を理解してくれる感性を持った人に受け入れられ、その愛と同じだけの愛を返されることを自分に許します。**


自分に伝えることができたら、温かい気持ちをじっくり感じていきましょう。

今度は、あなたが愛を表現することで、愛を表現された人がそれを受け取り、あなたに笑顔を返してくれているところをイメージしていきます。

私は私の愛が必要とされていることを知っています。
私は私の愛を必要としてくれる人がいることを受け入れます。
私は私の愛を、愛だと感じ、きちんと受け入れられることを受け入れます。
私は私のような愛を尊重し、そして、私のような愛をよしとする人たちがいる世界で、その人たちと関わって生きることを自分に許します。

ここまでできたら、あなたがこれから関わる世界の人と、温かい、思いやりあふれる関係を持っているところを充分にイメージしていきましょう。

---

自分が受け入れられているという感覚や、自分の愛に価値があるということ。

そこをしっかりと知っていき、体感覚で愛し合うことを覚えていけば、必ず自分と同じように生きている人と巡り会うことができます。

あなたは愛の世界の住人です。

そして、あなたは報われる愛を持っています。

あなたがただ生きているだけで、あなたの愛は潜在意識を通じてほかの人へと必ず伝わっています。もう、愛に背を向けなくても大丈夫。

あなたはあなたの愛にふさわしい、同じだけの愛を返される価値がすでにあるのです。

どんな苦しみも、どんなつらさも
受け入れてきた私という存在

今、すべての過去の不幸は終わりを告げ
私の世界を温かい日差しが照らし
目の前に、本当の私の人生がはじまっていく

# 第3章

# 最高の縁・愛・お金を引き寄せる「運命逆転の方法」

# 純粋な「私」がすべてを引き寄せる！幸せをつくり上げる子どもの頃の自分

最速で幸せになりたいときと願うときは、本当のあなた＝子ども時代のあなたに戻るだけでいい。そう言われたら、何か信じられない気がしますか？

これは、子ども返りをする、ということではないんですね。

小学校時代の、あるいはもっと純粋な子ども時代の感覚にそって、すべてを選ぶということです。

この本では、子ども時代の自分と向き合ってきました。なぜ、子ども時代の自分を救う理由があったかというと、それが「本当のあなた」だからです。

私たちは本来、生まれながらに自分を大切にする気持ちや、自分の心のままに生きたいという思いを持っています。しかし、大人になる際、さまざまな価値信念・生き方を植えつけられ、その思いを否定しながら生きるようになります。そもそも、私たちが苦しんでいるのは、子ども時代に自分を否定されたからなんですね。

けれども、その価値信念を植えつけられるまでは、あなたはありのままのあなたとして、力を持った存在でした。余計な情報がない、純粋な潜在意識を持ったあなただったのです。私たちの願いは、この純粋な潜在意識が叶えてくれます。「子ども時代の自分に戻る」ことで、世界を創造する力を取り戻せるんですね。

---

ではここで、あなたが幸せを引き寄せるためのアファメーションをしていきましょう。

私がイヤならイヤでいい。私が好きなら好きでいい。
私が苦しいなら、私は私を守っていい。
私がつらいなら、私は私を慰めていい。
私が楽しいなら、私はもっとそれを私に与えていい。
私がそれをもっともっとしたいと情熱を抱くのならば、私はそのために生きていい。
私が関わりたいと願う人がいるなら、その人を求めていい。

あなたの中に眠る小さな炎を消してはいけません。そして、あなたの中にいる「本当のあなた」というピュアな自分自身を見捨ててはいけません。
「私」という存在が、何よりもかけがえのない命であり、「私」が喜びを達成するために私が尽くすことが私の人生である。

そして、「好き・嫌い」「怖い・やさしい」など、着飾らない子どもの自分が感じるピュアな感覚を軸にしてすべてを選んでいきます。

あの人怖い！　近寄りたくない。この人やさしい！　一緒にいたい。
もっと聞いていたいな。側にいたいな。そして、自然に笑顔になれることをしたい。
これならできそう！　もっと頑張れる！　この「できること」を軸にしよう。
ここの人たち、とてもキラキラしてるな。一緒にいたい。そばにいよう。
大好きなこの人のためになら頑張れる。この人たちに、愛を注ごう。

子どもの自分は、とっておきの感性を持っています。しかし、それを言葉で表現してしまうとケンカになってしまうんですね。あくまで、「心の中の子どもの声に従う」というイメージでやってみてください。

子ども時代のあなたを取り戻すことができれば、「誰かの感性」ではなく、あなた自身が幸せのアンテナをちゃんと立てられます。

**私は私の心のみに従う。私は私の人生を、「本当の私」に従ってつくり上げる権利を持っています。**

あなたがこう心から言えたとき、今までにない情熱と、人生に対する躍動と、生きるためのエネルギーがわき上がってくることでしょう。そして、このエネルギーこそが、あなたの思い描く人生を達成するための「核」となるのです。

## 人生のイメージ

子どもの頃の心の声を聞きながら行動する

子どもの頃の自分の声を軸にする

# 人間関係を180度変えるのは「許さない覚悟」

私たちの選択は、よい意味でも、悪い意味でも、私たち以外の第三者が介入することはできません。それは、「許さない」ということに対してもそうです。

ここでの許さない覚悟とは、相手に対して「許さないよ！」と攻撃することではありません。直接相手を攻撃することは、怒りに怒りをぶつけているだけなので、プライドをかけた長い争いになってしまい、どちらかが完全降伏するまで収束しなくなってしまいます。とても怖いことなんですね。

許さないとは、自分に対する攻撃や、理不尽や、無言の暴力や、言葉による苦しみを、もう受けつけないと毅然とすることです。

それを繰り返す人がいたとしたら、

「私はそういう扱いをあなたがするかぎり、あなたとは関わら（れ）ない」

ときっぱりと伝えることです。

そして、それを持続することが大切なんですね。

寂しいからといって、断ったけれど戻りたい、許してしまおうかなと思ってしまうと水の泡になってしまいます。

はじめは「許さない」を継続することは難しいかもしれません。ですが、あなたの命を守るために、ここは慣れていきましょう。

**私はもうこれ以上、自分に対する理不尽を受け入れることを許しません。**
**私はもうこれ以上、自分が粗末に扱われることを受け入れることを許しません。**
**私はもうこれ以上、不公平に扱われることを許しません。**
**私はもうこれ以上、自分の心が引き裂かれるようなことを受け入れることを許しません。**
**そして、それを継続します。**

しっかりと、自分の心に宣言しましょう。

そしてここからが、もうひとつのポイントです。何かというと、やさしい人ほど、この「許さない覚悟」ができないのです。すぐに揺らいでしまうんですね。「許さないって決めたけれど、でもまあ相手も謝ってるし、いいか」となってしまうのです。すると、相手は、「やっぱり許してくれるんだね」となり、元どおりのひどい態度をしてきます。その結果、怒る↓許す↓苦しい↓怒る、というような追いかけっこになってしまうのです。

許さない覚悟とは、自分が不当な扱いを一生許さない、ということを決めることです。自分の信念として「決め続け、それを護り続ける」ということ。

あなたの覚悟が信念になり、確固として失礼なことを許さないのが自然な在り方になると、それがゆるぎないセルフイメージに変わり、不当な人を近づけない現実へと変わっていくのです。

# 弱いままでいい。やさしく助けてもらう私になるふたつの勇気

人から愛され、慈しまれ、できないことがあったら助けてもらえる。こうした現実を引き寄せるためには、ふたつの勇気が必要になります。

ひとつめは、「人を信じる勇気」。これは世界観を変えることです。

ふたつめは、「弱さをさらけだす勇気」。これは価値・信念を変えます。

誰かに助けてもらうためには、大前提として「人を信じている」という世界観が必要になります。助けを求められない人のほとんどが、「世界はどうせ私を助けてくれない」と、世界と自分を隔ててしまっているんですね。

もちろん、今までの人生でたくさん痛みがあった……。

人から裏切られることもあった。だからこそ、仕方のないことです。けれど、一部の人が信じられないからといって、世界の人たちすべてを拒絶してしまうのはとてももったいないことです。けれども、

**世界には、やさしく、いつも人のことを思い、知らない人にですら助けてくれる人が存在している。**
**そして、その人たちは、分け隔てなく、自分のことも愛の対象にしてくれている。**

まずはそんなふうにアファメーションしながら、世界の見方を変えてみましょう。

そして次に、自分自身のセルフイメージを変えていきましょう。ここでは自分の弱さを認めていきます。自分の弱さを認めてしまうとセルフイメージが下がると誤解するかもしれません。しかし、実際には、誰しもできることがあり、できないことがある。それで当然なんですね。さらにここでは「弱さ」＝「愛されるポイント」というように、価値・信念を変えていきます。

それでは、まずはあなたができないことをいくつかイメージしてみてくださいそして、それを思い浮かべることができたら、次のようにつぶやいてみます。

**私にはできないことがあり、そして、私にはできないことができる人が存在しています。**

私は私の弱さを嫌わず、その代わりに、私のできないところを他人に助けられ、愛してもらうことを許します。

ここまで世界観と価値・信念を書き換えることができたら、実際に人と関わるときは、「自分ができないことをしている人を尊敬し、認める」という関わり方（在り方）をしてみましょう。

この人は私にはできないことをできる人なんだ。心から尊敬します。
私にはできないけれど、できる人がいる。それは単なる個性です。
私はこの人に助けてもらってもいい。この人にとって、それは喜びです。
そして、私は私ができることを、私がしていることができない人に対して与えていきます。

あなたが世界観を変え、自分の在り方を柔軟に変えていけば、それだけで助けを得られるあなたへと変わっていくのです。

# 2秒で相手の攻撃的な感情から自分を守る方法

対人関係でやっかいなのは、自分と相手の思惑が違ってしまったときに、自分が犠牲になるか、それとも相手をやりこめるか、ふたつにひとつとなってしまうことです。

相手には、相手の世界観があって、相手の価値観があります。だからこそ、私たちの価値観が伝わらないときもあり……こうしたときは本当に悩んでしまいますよね。

では、こんなときにどうすれば自分を守れるようになるのでしょうか?

それは、「相手が自分を見ているのか、自分をとおして別のものを見ているのか」を、「大人の自分」が区別することです。

言い換えると、「相手が問題にしているのは、直接私に関わること?」というふうに、捉え直してみます。もう少しやさしく言うと、「相手がそこに何か乗せてない?」と考えてみるのです。

たとえば、相手に激怒されたとしますよね。ここで子どもの自分のままだと怖がってしまいますから、まずはその自分を「大丈夫」と守ってあげながら、冷静に相手の怒りを見極めます。

相手が怒った理由が、「すぐに返事をしなかった」というものだとしましょう。しかし、それが何度でもなく、たった一度、すぐに返事できなかっただけだとしたら……そこまで激怒する、ということはおかしいですよね。

ここには、相手の過去や、「絶対にこうでなければダメだ」という価値信念が乗ってしまっているんですね。もしかしたら、過去、待っていてもやってもらえないことが多かった。そのため、ほんの少し遅れただけでも、「また粗末にされた！」という気持ちになっているのかもしれません。

「たった一度、返事に間があった」。これがあなたと相手との間に起きている事実です。けれど、相手は別の人の経験を乗せて、「またこんなことが起きた！」と怒っているのですね。

そんなときは、相手のことを受け止めず、自分のしたことだけ淡々とごめんなさい、気をつけるね、と謝罪するようにしてみましょう。そしてそれ以上、感情をぶつけられるなら、そこからすっと離れます。

過去、苦しいことがあればあるほど、人は目の前のことにさまざまな意味や感情を乗せてしまいます。

これを、心理学用語で「投影」といいます。

やさしい人ほど、ここで相手の感情を真に受けてしまいますし、過去に怖いことがあると、子どもの自分が固まってしまうのですが、そこは相手の潜在意識をきちんと理解し、区別をしていきましょう。

こうすることで、相手の重さを受け取ることなく、自分のしたことにだけ責任を持つ、こうした相手のことに必要以上に責任を負わない在り方ができるようになります。

# 幸せな人だけがしている自分への質問とは？

幸せな人と不幸な人。この差はどこから生まれると思いますか？

生まれ持った条件や、容姿など、たくさん思いつくかもしれませんね。

でも、一番の要素は「自己対話」です。


幸せな人は、いつも心の中で、自分を労ったり、自分に対して愛情を示す会話を繰り返しできているんですね。

今まで苦しい人生を送ってきた不幸子さんは、それまで自分を責める会話をしていました。「なんでいつもこんななの？」「どうして私ばっかり不幸なの？」そんな会話ばかりしていたんですね。そして、自分のことを責めたり、自分にばかり怒っていました。

一方、幸せになっている幸子さんは、自分の心の中の会話が正反対でした。つらいことがあれば、「ああ、つらかったね。でも大丈夫だよ、よく頑張ったね」。人に裏切られたときは「信じていたのに残念だったね、でももっといい人もいるから大丈夫だよ」。そんなふうに、愛情あふれる会話を常にしていたのです。

3年後、不幸子さんは同じままでした。

しかし、幸子さんは、幸せな結婚をし、子どもを産み、愛にあふれる家庭をつくっていたのです。

自分を信頼し、慈しみ、労り、愛し、認める。こんな自尊心に満たされていればいるほど、自分の潜在意識も書き換わり、人生が変わっていきます。

しかし、自分を嫌い、分離し、責め、否定していれば、それにふさわしい未来がやってきます。

それではここで、幸子さんがしていた自分を愛し、労り、尊重するためのアファメーションをしていきましょう。

**私は私がいつも真剣に生きていたことを知っています。**
**私は私が本当に頑張っていることを知っているからこそ、報われてほしいと願っています。**
**私は私がつらいときも、懸命に生きていることを知っています。**

そして、苦しいときも、やさしいゆえに傷ついてしまうことを知っています。

そして、普段から、不幸を探すのではなく、幸せを探す質問をしましょう。

どうしたらもっと私は幸せを感じられるだろう？
もっと私が楽になるためにはどうしたらいい？
もっと私を幸せにするためには、私に何ができる？

自分の機嫌をうかがい、自分が喜ぶようなことをしてあげながら、今までの疲れや痛みを癒し、やさしい言葉をかけ続ける。

こんなふうに、まずは自分への質問を変えてみてください。

## いつも人に囲まれている幸せな人の生き方

いつも人に囲まれている人と、一人ぼっちで頑張らなければならない人。この差はどこからくるのでしょうか？

人に囲まれている人というのは、実は最初から「世界観」と「シナリオ」が違うのです。

まず、人に囲まれている人の世界観は、「この世界には素晴らしい人たちがたくさんいる」という尊敬になっています。楽しい人がたくさんいることを知っているし、人が人と関わりながら、喜びをつくれることを知っているし、「人は信頼できる」という価値観に基づいているんですね。

一方で、シナリオは「どんなときも、私は世界と関わっている」という安心感に基づいています。どんなことがあっても、「人は私を見捨てない」「世界は私を見捨てない」という信頼に基づいて、シナリオを書いているのです。

そして、こうして人とつながる現実を得るためには、自分自身の潜在意識をそのように書き換えていけばいいんですね。


**私は世界が喜びに満ちていることを知っています。**

**そして、世界にいる人たちが、人とつながることが好きだということも知っています。**

**私はどんなときも、私というたった一人の存在も大切にしてくれる人の心を受け入れます。**

**私は常に世界とつながり、世界は私のことをしっかり認識しています。**

**私はどんな人とも劣ることなく、公平な命の価値を持っています。**

**私は愛され、大切にされるにふさわしい生き方をしてきました。**


こうして、あなたが最終的に喜び、人とつながるイメージをしてみましょう。

今までの人生で、信頼できないことがたくさんあったかもしれません。けれど、あなたが生きる世界は、あなたが知らないような可能性を秘めています。あなたが出会ったことのない人、あなたが想像しなかったやさしさ、あなたが今まで知ることもできなかった喜びが確かに存在しているのです。

今、あらためて、そのことをもう一度信じてみましょう。

# 不幸な運命のシナリオをあなたの手で書き換える3つの方法

「なぜいつもこうなってしまうんだろう？」

そんな苦しい人生が続いているとしたら、その答えは明確です。いつもそうなってしまう理由は、潜在意識に「決まった人生のシナリオ」があるからです。潜在意識のシナリオが不幸のまま終わる話になっていると、最終的には不幸になるところで落ち着いてしまうんですね。

なぜこうした不幸のシナリオをつくってしまうかというと、それは周囲の影響です。そして、あなたの「世界観」が問題となっているんですね。

たとえば、あなたが子ども時代に接してきた環境が、「母親が苦しみ、がまんしながら男性に仕えてきた」というものであれば、あなたの中に、「女性はがまんし続けて男性の犠牲になる」というシナリオができ上がります。特に、ここは親の影響が大きいんですね。なぜなら、私たちは無意識に愛しているからこそ、大切に思っている人が歩んでいる人生をマネし、その人との一体感を感じたいという隠れた欲求を持っているからです。

でも、誰も不幸な人生を望んでいるわけではありませんよね。

その場合は、今すぐあなたの人生のシナリオを書き換えていく必要があります。

シナリオを修正するのはなかなか難しいと思われがちですが、実際には、とても簡単にできることなんですね。ここでは自分の人生とは別の、幸せに生きている人と自分を置き換えてイメージングするという方法をやっていきます。具体的に見ていきましょう。

●修正方法1

実際に、自分と同じ条件なのに幸せになれた人の人生を参考にしながら、その人の乗り越えてきた過程を、自分と置き換えて想像してみます。苦しみに共感しながらも、相手が立ち上がったそのプロセスをしっかりと感じ、結果的にどんなふうに幸せになれたのか、その喜びまでしっかりと感じます。

●修正方法2

映画や漫画など、必ずハッピーエンドになるものを観て、感情移入し、主人公と一緒にその体験を体感していきます。たとえば、悪役にやられてもくじけずに立ち上がるヒーローや、純粋に人を愛し、愛されるヒロインなど。主人公に感情移入し、そして、一緒に悪役を倒し、誇りを持って人を守り、愛する……そんな感情を取り入れます。

●修正方法3

自分が望むことをしている人と、自分を置き換えてみます。その人がどんなふうに嬉しいのか、どんなふうに楽しいのか……たとえば、デートしているカップルがいたとしたら、こんなふうにデートしたらどんなに楽しいんだろう、と考えてみます。

これらの情報を元に、自分の人生を「重ね合わせ」「実際に体験している本人と自分を置き換えてみて」「感じて」いきます。

こうすることで、「困難を乗り越えるときの感覚や感情」「実際に喜びを体験しているときの嬉しさ」「どんなふうに世界を見ているのか」「どんな信念で生きているのか」というのが、ロジックではなく体全体で感じられるようになっていきます。

すると、その体感覚や感情が潜在意識に定着し、それにふさわしい現実と引き合うようになるのです。

## 「私」の手で未来をつくり上げる！幸せな運命を今から始めよう

それではここで、実際に運命を書き換えていきましょう。

あなたが望む未来はどんな未来でしょうか？

結婚して幸せになりたい、素晴らしい職場に転職して活躍したい、大勢の人と関わって自分がその人たちの幸せに貢献したい、かわいい洋服がほしい……さまざまな未来があると思います。

まずは目的を思い描き、そしてその後に、「今の状態から抜け出し、その未来になる」という筋道を考えてみましょう。ここは、あなたのシナリオで大丈夫です。

たとえば、今まで親からひどいことを言われ、いじめられた経験もあり、孤独だった。そんなときは、「でも、そんな自分の価値を感じてくれた人がいて、その人が自分のことを気にしてくれるようになり、その安心感や支えてもらっていることが嬉しく、やがて、その人の素晴らしさに異性を感じるようになり、お互いに意識して、最終的につき合う」というような、流れをつくってみます。

おおまかなシナリオを描くことができたら、その結果、得られる感情と体の感覚を充分に感じていきましょう。

このとき、映画や他人の経験を参考にしながら、困難を乗り越えるような感覚や、「ようやく出会えた」という喜びの感情なども、めいっぱい感じていきます。

やっと会えたね……！と、分かり合っているときの嬉しさ。抱きしめられているときのほっとする感覚。涙があふれるような、今までの孤独が癒されていくような安心感……。

こうした感情を充分に感じきり、そして意識を今に戻し、あとは普段の生活へと戻ります。

もしもこのシナリオを感じている過程で、行きたい場所ができたり、あるいは「こんなふうにこのシナリオに合うように洋服を買い換えたいな」と思ったら、実際に行動してみてください。

そして、このイメージは、何度も何度も暇があればやってみましょう。繰り返せば繰り返すほど、「あなたはまるで自分が描いたシナリオのとおりに、幸せに」なっていきます。

こうして未来に焦点を合わせながら自分の感覚や感情を変えていくことで、人間関係が自然に変わっていったり、人から褒められることが多くなるんですね。

もしも、現実が幸せではないとしたら、まだ不幸のシナリオをつくってしまっているということですから、自分が決めたシナリオをもう一度見直してみましょう。


あなたは自由です。そして、人は無限のイマジネーションを持っています。自分がどんな物語をつくるのか、あなたがあなたの人生の脚本家であり、監督であり、主演女優であり、主演男優であり、脇役であり、観客です。

すべて、自分自身が自分の運命をつくり上げているのです。

そうだとしたら、もう悲劇のヒロインや、あなたが望まない人生を書き換え、「あらゆることを乗り越えて幸せになった人生」や、「頑張って生きている私を誰かが必ず見てくれている運命」や、「私と同じように苦しんできたけれど、私に出会えたことで救われたと感じてもらえている人生」を選び直しましょう。

# 手放しが逆効果？ほしいものが手に入る女性の心の習慣

実は、ほしいものを必ず手にしている女性ほど、手放しをしていないと知っていますか？

いつもそのことを考えていているし、大切に思っているし、優先順位の上に置いている。それが恋人のことであれ、人生の目的であれ、「手放さず」に、いつもしっかりと考えているんですね。

たまたまほかに夢中になることがあって、ふと忘れてしまう瞬間があれば、そのままにしています。でも、意図的に手放そうとしてしまえば、「私はあえてこれを自分の手から離そうとしている」となってしまい、奪われてしまいます。

そして、本当に大切なことは決して分かち合っていません。

汚れなきあなたの内側にある、純粋な「これを叶えたい」と願う思い。これがほしい、本当はこんなことを達成したい。

この純粋な思いは、口にしてしまった瞬間、誰かのジャッジで汚されてしまいます。だからこそ、闇雲に伝えるのではなく、大切に自分の中で温めることが大切なんですね。そして、自分のことを理解してくれる人ができたときだけ、そのことを口にしていきます。

同時に、「どうでもいい」と自分の未来や自分自身を投げ出すこともしません。どうでもいいという言葉は、「どちらでも大丈夫」という安心した感情で、温かい愛のエネルギーで信頼しながら口にすればそのとおりになります。が、その反対に、投げやりで自暴自棄な、自分を傷つけて痛めつけて見放すようなエネルギーでその言葉を言ったとしたら、そのとおりの未来しかやってきません。

あなたが大切にしたいもの、あなたがほしいものは、あなたが大事に持っていなければ叶わないものなのです。

あなたの未来も、あなたの命も、あなたの願いも、等しく「あなたがしっかりと握る」ことを切望しています。運命の手綱をしっかりと握り、ほかの誰かにあなたの人生を明け渡さないようにしましょう。

# 「変わる」と決めると、決めた自分にふさわしい縁が引き寄せられる

最高の人間関係をつくりたいときは、「自分が未来にどうなりたいか」決めることも大切です。これをセルフコントロールといいます。言い換えると、セルフイメージは、自分が決めた状態へと瞬時に変えることができるんですね。

なぜこうした変わる決断が必要かというと、私たちはあえてダメなところを見せようとしなくても、ダメなところが出てしまうからです。だからこそ、ダメな部分は「意図的に」自分で把握し、コントロールしてあげることが大切なんですね。

ここでの意図的にとは、「自分でしっかりと、自分の汚さを理解し、変えると決める」ということです。

たとえば、人に依存してしまうところがあるのなら、それを「ああ、私は依存したい甘えがあるんだな」と、逃げずに受け止めていきます。

ここでは、肯定的に嫉妬を捉えたりせず、そのまま「私にはこういうところがある」と把握していきます。

これをすると、「私にこんなにイヤな部分があったなんて」とショックを受けることでしょう。しかし、自分を美化するのではなく、まっすぐに受け止めて「依存した瞬間に気づいたら、もう一度距離をとろう」と決めると、イヤな部分はそれほど人生に影響をしなくなっていくんですね。

荒ぶる動物をなだめるとき、叱りつけるともっと暴れますが、「そうなんだね」とただ静かに見守りながらなでることができれば、大人しくなります。

そして、こんなふうにダメな自分をなだめることができたら、次に美しい自分のイメージを固めていきます。

たとえば、誰に対してもやさしくできること。いつも女性らしい配慮ができること。

誠実に接することができること。仕事は一生懸命すること。論理性があること。

笑うと朗らかで、愛らしい側面があること。

こうして自分の美しさを認めたら、そこを意識して人と接していきます。

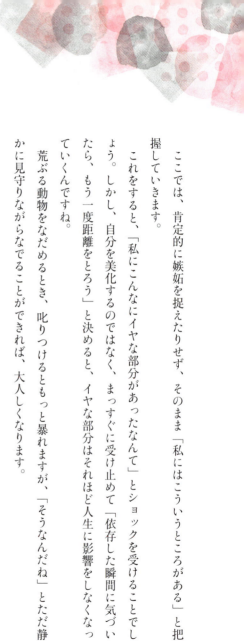

こうすることで、潜在意識は少しずつ書き換わり、自分が人に接しているときも、ダメな自分が急に出てきて失敗させる……というようなことがなくなっていきます。

ありのままの自分でいたい、だからイヤな私もすべて受け止めて。

これは、他人にとってはとても重い願望になってしまうんですね。

だからこそ、自分のイヤなところは自分でそっとなだめてあげながら、意図的に美しいあなたで接することで、人はあなたの印象を変えていくのです。

しかし、あなたが自分のイヤな部分をしっかりと見据え、その自分を変えると決めたとき、「変えると決めた」そのあなたにふさわしい現実と引き合うようになっていきます。

## それでもまだ不幸なら……運命を今この瞬間、「最高の方角」へ選び直す！

それでもなお、なかなか思いどおりにならない現実が続いてしまったとします。そんなときは、その現実にひるむことなく、「私がこの現実をつくっている」という自負を持ちながら、あなたのシナリオをその瞬間に変えていきましょう。

たとえば、世界を信頼しているし、人のことも今は軽蔑もしていない。にも関わらず、なぜかあなたに対してだけ、つらく当たる取引先と巡り会ってしまったとします。

そんなときは、「あ、自分がまだこれを受け入れているんだな」と、把握します。そして、

○まだ私は、結果的に自分がいじめられ、がまんするようなシナリオを手放していないんだな → じゃあそのシナリオはイヤだから、こうした状況を自分が乗り越えて、最終的にこの人に関係なく仕事で成功することをイメージしよう

○まだ私はいじめられることをがまんしていたんだな → もういじめられなくていいと、も

っと自分のことを認め、セルフイメージを上げよう
○世界にはこういうイヤな人も存在する → けれど、私はこのイヤな人たちと関わらないと選択しよう、そしてもっと嬉しいことを選択しよう
○私は「つらくていじめられても頑張ることが人生」という価値信念を手放し、「人生はもっと愛されて楽に成功することができる」と思い直そう

というように、すべてを選択し直します。

**現実は、私たちの潜在意識のあらわれです。**
**それがもし、自分が望まないものならば、その瞬間に「あ、まだこんなことをしていたんだな」と受け止め、別の価値信念や世界を選び直せばいいんですね。**

こうして7つの要素を使いながら選び直すだけで、今に圧倒されず、未来を変えていくことができるのです。

# どうして心の価値が「お金」になるの？あなたにどんどん富が手に入る法則

潜在意識を書き換えると、愛情や人間関係だけではなく、目に見える「お金」としても、どんどん豊かさがやってきます。愛も人間関係も手に入れて、さらにお金までなんて……そう思われるかもしれません。でも、実はこれはとても自然なことなんです。

なぜなら、お金とは「貢献」であり、「自己価値を感じられたとき」に手に入るものだからです。

実例を見ていきましょう。

Kさんは、それまで派遣社員で、劣悪な職場ばかりに勤務していました。勤務先では、仕事を押しつけられるどころか、横領まで行なわれている……でも、そんな環境がイヤでイヤで仕方がないのに、何度転職しても、同じような職場にばかり派遣されていました。

Kさんは、とても低いセルフイメージで生きていたんですね。両親からダメ出しをされて、

「私は粗末に扱われる人間なんだ」「私にいいところなんてない」と確信しながら生きてきました。その低いセルフイメージゆえに、「こんなダメな私は、いい職場になんて就職できるはずがない。私は安い給料で粗末に扱われて当然なんだ」と同意していたのです。

このように、自己価値を感じられていないと、潜在意識のレベルで粗末に扱われることに同意し、その結果、劣悪な環境に身を置くことになったり、お金が手に入らないということが起きていきます。

こうした状態を変えていくためには、どうしたらいいのでしょうか?

それは、「自分の価値によって、どれくらい周囲が豊かになれるのか」ということを実感していくことが必要になります。

Kさんは、今までの職場を退職された後、自分の価値がどれくらい人に貢献できるのか＝どれくらい満足を与えられるのかを考え直してみました。

「明るくて誰にでもやさしい」↓それだけで職場を明るくすることができる

「誠実でまじめに仕事をする」↓それだけで職場の効率も上がるし雰囲気もよくなる

「経験はないが、デザインの資格がある」↓未経験なだけでセンスには自信がある

「一生懸命仕事に尽くす」→仕事を覚え、実際に即戦力になれる

こんなふうに考えてみると、本当は素晴らしい自分に気づけたのです。

そしてすぐに、インターネットで見た広告のデザイン会社に面接を申し込みました。すると、たった5日でデザイナーとして正社員になることができたのです。その会社は、Mさんと同じようにやさしい人たちばかりで、お給料もとてもよかったのです。

Kさんの変化のプロセスは、5日でした。しかし、セルフイメージを変え、「私はこれだけ貢献できる人間なんだ」と信じるだけで、みるみる現実が変わったのです。

ではここで、実際にワークをしてみましょう。

まずは、あなた自身の価値をあらためて感じてみてください。誠実さやさしさ、真摯さ、裏表のなさ、実際の技術、想像力、コミュニケーション能力、努力家、など。

そして、それらがあることによって、周囲の人がどれくらい豊かになるか考えてみましょう。あなたが貢献し、そして周囲が喜んでいるイメージをしてみてください。

そして、最後にアファメーションをします。


あなたは私がいることで、こんなに人生が豊かになります。

あなたは私の存在によって、今までよりも喜びを得ることができます。

あなたは私の貢献により、今までよりもずっと生活が楽になります。

あなたは私の感受性や気遣い、やさしさによって、今までよりもずっと大切にされていると感じることができます。

そして私は、人にこれだけの喜びを与えられる自分を信頼します。


あなたの人生すべてが価値であり、貢献であり、お金です。

あなたの心の豊かさが他人の幸福につながり、他人の幸福が豊かさにつながる。そのことを受け入れてみましょう。

また、大切なポイントがあります。

ここでお金が手に入るプロセスは、「自分で稼ぐ」というだけではないということです。つまり、結婚して旦那様が稼いでくる、親兄弟からお金をもらうということも含まれます。

なぜかというと、私たちが自分の価値を感じ、他人に貢献するようになると、それに感謝した他人がお金という形であなたに豊かさを返してくれるようになるんですね。

ですので、マリアージュスクールの卒業生様は、「資産を数千万円持っているサラリーマンのご主人」や、「経営者の彼」がいる方が多いのです。


心の豊かさは、お金という豊かさにつながる。

そして、自分の才能を信じ、人に貢献している人は、同じように才能を自覚して人にたくさん貢献している、社会的な地位がある方に認められるようになります。


クライアントのMさんは、それまで自己価値を感じることがありませんでした。そのため、自分を粗末に扱う男性と関わり、貢いでしまったり、彼が働かなくても自分が彼を養うということが当然だと思い、犠牲的な人生を送ってきました。その結果、2度の離婚……。

けれども、自分の価値を見直したとき、女性性にあふれ、人に気遣いや配慮ができ、心やさしく、謙虚で、誠実で、まじめに仕事に従事する自分に気づいたのです。

Mさんは自分に自信を持てるようになりました。すると、誠実な男性から一方的に見初められたのです。彼は経営者で、金銭的な豊かさを持っていました。しかも、Mさんの価値をきちんと理解し、Mさんを誰よりもやさしく丁寧に扱ってくれる、心も豊かな男性だったのです。

# 今すぐ「世界の素晴らしさ」だけを受け取り、富と愛をざくざく引き寄せる言葉

それではここで、簡単にアファメーションをしていきましょう。

ここでは、世界観を変えて、この世界の美しさを積極的に受け取っていくということをしていきます。


私は、人を無条件で助けてくれる人がいることを知っています。

私は、私の才能が役に立つことを知っています。

私は私の弱さがあり、私の弱さを助けられることを受け入れます。

私はすべての人が完璧ではないことを受け入れます。

私は助け合い、貢献し合う素晴らしい世界だということを受け入れます。

私は自分の感受性を理解し合える人が存在している、そして、その人が生きているということに心から感謝します。

私は私ができることを喜び、私ができることが人の幸せになることを喜びます。

あなたの人生には希望があふれています。それは、「今まで知らなかった人」「今まで関われなかった世界」「今まで見たこともなかった価値観」「今まで触れられなかった豊かさ」です。あなたが今、絶望しているとしたら、それは「その世界」に絶望しているだけであり、「この世界」に絶望しているのではありません。

大丈夫、あなたが思う以上に、この世界は、生きる価値があるのです。

# 恋する一瞬がどのように生み出されるのか？愛の引き寄せのエネルギーの法則

その人の存在が特別で、自分の人生にこれまでいなかった人だと気づく。やがてそれは深い興味となって、「その人をもっと知りたい」「自分のこともっと知ってほしい」「もっと側にいたい」と思い、執着する。

愛とは、「特別意識からくる執着」です。

では、実際に潜在意識がどのように変わることで、どのように恋に落ちるのでしょうか？恋に落ちる瞬間の、強烈な引き寄せを見ていきましょう。

**まず、恋が引き寄せられる瞬間は、「その人がほかの人と違う」ということを感じ取ります。「ほかの人と違う」というのは、一瞬の情報。潜在意識から伝わるものが多いんですね。**

そのときの情報は、

＊その人の内面から現れる雰囲気（視線や表情の穏やかさ・態度と在り方）
＊ふとしたときのやさしい微笑み、喜び（内的な感情が外に表現されている）
＊人にやさしくしている姿（肯定的な世界観）
＊誠実・一生懸命に仕事をしている姿（人生に対する価値信念）
＊やさしい言葉、配慮（人柄と呼ばれるセルフイメージ）

などです。

このように、「内的な状態」つまり感情や価値観、在り方などがすべて相手に伝わっています。

荒ぶっている感情よりも、希望に満ちあふれている心。
人に対する不信感よりも、相手を信頼している。世界を信頼している。
自分自身を尊重している穏やかさ。
相手と積極的に関わりたい、希望に向いていたい、という価値信念。

こうした潜在意識によって、愛は生まれます。
つまり潜在意識の変化は、とても細かく自分自身の表現を変え、その結果、それが周囲の人に伝わるんですね。

今まで行なってきたワークによって自分が変われば、それが「自分が気づかないうちに」人に伝わってしまうということ。恋に落ちる瞬間を潜在意識のレベルで生み出せるあなたになれるのです。

# 今この瞬間、自己価値を高める「潜在意識の許しの祈り」アファメーション

古代、まだ心理学や精神分析などがない時代は、人々は神に祈る、という方法をとり、自分の罪悪感や過去の苦しみを癒していました。これは、神という対象を置いて、その対象に対して正直になることで、自分自身が自分の罪を受け入れやすくする、という方法でした。

人は誰しも、罪や間違いを犯します。しかし、こうして自分が正直になり悔いた瞬間、自分を罰するシナリオは終わるんですね。これは、「自分への許し」の意識が働くようになるからです。それではここで、アファメーションをしてみましょう。

私は、私が人を傷つけてしまったことを受け入れます。

そして、私は私が今までしてきてしまった人を傷つけること、誰かの不利益になること、人を恨んでしまったこと、感情をぶつけてしまったこと、愛を裏切ってしまったこと、自ら相手を切り捨てたこと、これらの過去があったことを受け入れます。

そして私は、私がこれらから学び、もう二度と人を裏切らず、大切にしながら、愛を持っ

て生き、人を愛する生き方をすることを選びます。

間違いを自分自身で受け入れ、内省する。
そして、その行ないをあらためる。
誰かに受け入れてもらわなかったとしても、あなたがあなたを受け入れることができれば、
そこで罪悪感から自分を痛めつけるシナリオを書き換えることができます。

私は自分の在り方や自分の接し方をあらため、新しい自分として生きる。

この決断ができたとき、あなたの運命は変わっていくのです。

## 引き寄せの核をつくるための質問集「自分軸のつくりかた」

自分らしく生きながら、自分が楽に過ごせる人生を引き寄せるためには、まず自分自身を正確に知るということが大切です。

自分軸とは、自分の状態に合わせて、そこに無理のないものを選んでいくということ。考えすぎはよくありませんが、あなたのことを適切に知っていくことで、世界の中心にあなたを置きながら、あなたを軸にして人生を生きていくことができます。

●肉体に関すること

疲れやすい、生理前は体力が落ちて気力がない、おいしい食事をすると機嫌もよくなる、運動しすぎると寝てしまう、朝よりも昼間のほうが調子がいい、睡眠時間は少ないほうがいいなど、自分の肉体がどんな状態なのか知り、それに合わせて過ごし方を選び直す。

●感情に関すること

心地よいと思えて安心できること、嬉しいこと、楽しいことを軸に、不安になるようなこと、苦しいこと、つらいことは避ける。

●世界に関すること

今自分が関わっている世界＝環境、人、職場、家の場所などは自分が納得できるものか。納得できなければ、どんな環境を望むのかを選び直す。

●人に関すること

自分が怖いと思う人、苦手な人、価値観が合わない人、明らかに上下関係を持ち込む人などは避け、同意できる人、同意してくれる人、自分を引き上げてくれる人、愛情を与えてくれる人と積極的に関わる。

●在り方に関すること

自分が憧れる在り方、行動した後に納得できるようなこと（やさしくする、誠実に接するなど）、自分が誇りに思えるような行動をとり、かつ、自分のストレスを解消してあげる、不安を解消するために人に助けてもらうなど、自分への愛を感じる行動をする。

●思考に関すること

自分がイヤな気持ちになってしまうこと、不安になってしまうような情報、自己否定や自己嫌悪など、ネガティブな考えをしてしまうような行動は避け、「これをしたらポジティブに考えられる」「これをしたら愛を持って物事を考えられる」というような行動をとり、思考を促す。

こうしてすべてを受け入れることで、「私」を軸にして人生を生きていくことができます。

あなたの人生で大切なことは、いつも「あなた」です。「あなた」がどう思うか、あなたがどう感じるのか、あなたがどうしたいのか、あなたが何を嫌い、あなたが何を好きになるのか。そして、あなたがよい状態になるためにどんな行動をとることが必要なのか、こうしてすべてを理解することで、人生を「自分のもの」にしていくことができます。

# 現実を変えるための「エネルギー」は満ちていますか？

実は、現実を変えるとき、とても大切なことがあります。それは、「潜在意識と現実を変えていくためには、エネルギーが必要だ」ということ。エネルギーとは体の状態のことです。体が疲れていれば、それは現実を変えるためのエネルギーが足りなくて「頑張っても頑張ってもなかなか変わらない」というときほど、頑張ることではなく休んだほうが現実が変わることが多いんですね。

クライアントのAさんは、それまで本当に頑張って努力して人生を変えようとしてきました。でも、潜在意識を書き換えたり、過去と向き合い続けてもなかなか変わらない……そういった状態に疲れ、あるとき、ぐっすりと眠ってしまったのです。

すると、次の日、メールで仕事の依頼がきていました。

Aさんの潜在意識は、実は書き換わっていたのです。単に、体力が足りなかっただけだったんですね。

# 今の現実を「利用」する受け取れる恩恵だけを受け取る方法

引き寄せが上手な人ほど、恩恵を受け取るのが上手です。恩恵とは、「今与えられているものを喜ぶ」力。言い換えると、引き寄せがうまくいく人は、「今与えられているもので、喜べるものだけを上手に利用して生きることができるからこそ、幸せになれる」んですね。

Rさんは、それまで夫が自分を大切にしてくれない、ということに怒りを感じていました。離婚のご相談にいらっしゃったとき、「離婚は反対しないので、今の苦しみを和らげるために、与えられる恩恵を受け取ってみてください」とお伝えしました。

すると、たとえば「ご主人が出かけているとき、自由にしていられること」や、「晩酌をしているときは楽しい」「とりあえず自分に無関心だから、2～3日旅行に行く」などの恩恵がありました。その恩恵を受け取ると、どんどん生きることが楽しくなり、そんなRさんを見てご主人の態度がガラリと変わり、Rさんを大切にしてくれるようになったのです。

あなたが受け取っていなかった恩恵を受け取り、その恩恵を利用しながら生きてみましょう。ただそれだけで、思っていなかったような未来が訪れるかもしれません。

# すべての願いを叶える究極の方法

私たちはすべての願いにおいて、自分が望みさえすれば引き寄せられる可能性を持っています。

ただし、私たちは、地球というひとつの世界に住んでいます。多くの人が存在している中の一員なんですね。それゆえに、何でも思いどおりになるわけではありません。影響力の及ばない範囲もあるということです。戦争をやめたいと思ったとしても、戦争を続けたいという意思を持つ人がいれば、そこまで思いは伝わりません。自分の届く範囲でしか達成できないのです。

けれども、より大きな願いを叶える方法もあります。それは、多くの人の思いと自分の思いを合致させ、より大きな奇跡を起こすというもの。たとえばチャリティなど、規模が大きくなるものがありますね。これは「人を助けたい」と願う人たちの意識が合致し、大きな奇跡を起こしているのです。

このように、多くの人の意識を、集合意識といいます。

集合意識があるからこそ、自分本位で自分だけがいいと思うような願いは、達成しづらいといえます。けれども、他人も幸せになることや、他人も喜びを感じられるようなことであれば、どんどんそれが集合意識に伝わり、つながりをもたらしてくれるのです。

より大きな願いを達成していきたいときは、この集合意識に自分の意思を合わせていきます。たとえば、あなたが起業したい、やりたい仕事があるとします。「私はこれをやりたいの！」では、まだ自分本位になっていますから、集合意識は動きません。

しかし、「私がこれをやった結果、こんなふうに困っている人を助けることができる」「そして助けた人がこんなふうに幸せになり、さらに幸せになった人がその幸せを広げていく」。このように自分のメリットとともに、相手の、この世界のメリットを考える。すると、どんどんこの願いに合致する人たちの縁がつながっていき、願いが叶うということが起こります。

では、恋愛などではどうでしょうか？　実はこれもやり方は同じです。

大きな願いの場合、集合意識に働きかけますが、恋愛ではそれが「個人」と対象がはっきりしています。であるならば、直接、相手の意識に合わせるということが大切なんですね。
相手のメリットを考え、相手のメリットが叶う形で、自分の願いをつくります。

私たちは、大きな流れのひとつです。

個として確かにここに存在しながら、人との距離を味わいながらも、確実にこの地球という中に存在しています。

平和で愛を表現したいと願いながら生きている人がいるなら、その思いの流れ、感情の流れに自分自身も同意し、委ねる。

愛する人の幸せを願い、その人が願いを叶えられるように願い、委ねる。

目には見えないけれど、それでもしっかりと存在している「私の思い」「人の思い」に自分を重ねられるとき、この世界に存在する一員として、あなたが自分を孤独に追い込まないとき、あらゆる願いは叶っていくのです。

## 今が不幸なら、今のすべてを否定して。あなたの幸せは未来にある！

「あらゆることは最善である」という価値信念は、苦境だった状況も１８０度好転させてくれる力を持っています。でも、この解釈を間違ってしてしまうと、自分が胸を切り裂かれるようなことが起きても、「でも最善だから」と認めてしまった結果、不幸を長引かせてしまうことがあるのです。その理由は、「自分の潜在意識が変えられる部分」まで放棄してしまうから、なんですね。

**もしも最善だと考え、でもなかなか現実が変わらない……というときは、いったん「最善である」ということから離れ、「今、私はあえて不幸を受け入れてしまっている」と考えてみてください。私が許可をしているから、今こうして不幸が起きているのだ、と。**

**そしてそれを認めたら、今、目の前にあるものであなたが好きではない苦しいものを、すべて否定してみてください。**

私を否定する人がいる。私はそれを否定します。
私を評価してくれない現実がある。私はその環境を否定します。
私を大切にしてくれない恋人がいる。私はこの恋人を否定します。

**今もしあなたが不幸なら、今は、あなたが幸せになれる条件がないというだけのこと。だとしたら、その条件を甘んじて受け入れる必要はなく、それを全力で否定し、「私にとっての最善」を自分で選び直します。**

私を否定する人ではなく、大切にしてくれる人は○○な人です。
私を評価しない職場ではなく、もっと穏やかになれる環境は○○な条件です。
私を大切にしてくれる人は、○○な人間性を持っています。
そして、私はその人たちだけを受け入れます。

あなたを守るための強い強い否定。これは、あなたに、もう一度あなたの手で人生をつくるためのパワーを取り戻させてくれます。そしてそのエネルギーは、本当に望む人生をつくるための核になってくれるのです。

# 「私、あなたが嫌いです」は、私への愛
# 嫌いの反対の好きが愛を呼ぶ

私たちは日常生活の中で、「嫌い」に直面することがあります。

たとえば、この人の言っていることはとても人を傷つける言い方で、それに対して「私、この人が嫌い」と思ったとします。すると、多くの人が「人を嫌ってはいけない、こんなふうに考えるなんていいことではない」と思ってしまい、嫌いということをがまんしながら、相手に合わせることを選択してしまいます。

これをしてしまうと、「私は自分が誰かを苦手とすることを許さない」という価値信念が潜在意識に焼きつき、感情をマヒさせたり、屈辱をずっとがまんすることになります。

けれど、人間関係がうまくいく、大切な人が側にいる人ほど、自分が感じる「嫌い」を大切にできています。

この「嫌い」の中には、他人を貶めたいというイヤな感情や、差別するような信念は含みません。シンプルに、「この人の世界観と私の世界観は違う、だから私は受け入れない」と

いう判断につなげられるのです。

そして、この「嫌い」には、「私は私にとって合わない人・世界観・価値観を無理して受け入れてしまい、犠牲になることはしません」という自分を愛する信念が含まれます。だからこそ、口では「嫌い」と言いながらも、嫌悪の感情ではなく、「自分を愛し尊重する」という感情が発せられているのです。


それではここで、アファメーションをしてみましょう。


私は私の大切にしている世界観や価値・信念、在り方に基づき、「嫌い、だから受け入れない」があっていい。

同時に、私は「嫌い」を認めることで、私とは違う在り方や価値信念を持っている人が、この世界で「私に交わらずに」生きることを認めます。

私は私の「嫌い」を感じたら、「私を大切にするために受け入れない」と、自分への愛を感じることを許します。

こうして、「嫌い」という感情を感じながら、全力でその人をスルーしてみてください。

スルーというのは、「反応しない」ということ。相手はあなたにイヤなことをして、あなたが反応してくれることを待っています。そして、あなたが何かしら反応したら、しめしめとばかりに、あなたの反応に食らいつくからです。

反応せず、「心の中だけで嫌いを感じながら、現実ではスルーする」。

そしてその上で、「じゃあどんな人が好き」と選び直します。たとえば、やさしい人が好き、こんなふうにきつい言葉を言わない人が好き……というように、ここでは具体的に100個以上項目を書き出してみましょう。

**こうして、強烈な「嫌い」の後、「好き」を感じられるようになることで、感情を伴った潜在意識レベルの強い決断を下すことができるようになると、この「好き」が「好きな人」を引き寄せてくれるようになるのです。**

クライアントのSさんは、自分が「嫌いだ、イヤだ」と思っていた感情があったにも関わらず、その感情がいけないものだと思い込み、「嫌ってはいけない、嫌ったら自分も嫌われるから」と、ぐっと嫌いな感情をがまんしていました。その結果、「いい人」をしているつもりなのに、ひどい人間関係ばかりを引き寄せていました。

そこでSさんは、本当は自分には「受け入れられないことがある」ことを認めたのです。

**私は私を粗末に扱ったり、乱暴な言葉を話したり、否定する人が嫌い。**
**私は私にセクハラをしたり、私を格下に見る男性が嫌い。**

自分の中の嫌いを認めた瞬間に、今まで抑えつけられてきた恨みと、憎しみと、悲しみがぐわっと噴き出し、Sさんはこれだけ自分ががまんしていたんだということに気づきました。そして、自分をがまんさせた結果、こんなにもネガティブなどす黒い感情がたまってしまったんだ、ということにも気づけたのです。

今まで苦しかった感情を受け入れ、心から自分をなぐさめた後、Sさんは「好きな人」を強烈に選び直しました。「私のことを丁重に扱ってくれる人、私を認めてくれる人……」と書き出すとき、自分の中がすーっとしていくのを感じていました。

こうして嫌いな感情を解放したことで、以前よりもずっと彼らにからまれることがなくなりました。そして、なぜか、今まで親しくなかったのに、Sさんにやさしく声をかけてくれる人が増えたのです。

好きと思える人たちに接していると、以前とはくらべものにならないほど、嫌いな人や苦手な人たちを気にしない自分に気づきました。そして、日に日に、好き、嬉しいという感情がわき上がっていたある日、Sさんは自分の好きな本を探しに書店へ出かけました。すると、「あなたもこういうジャンルが好きなんですね」と素敵な男性に声をかけられたのです。

# おわりに

ここまでたくさんのワークやアファメーション、そして7つの要素を通じて、あなたの潜在意識を書き換えてきました。

新しい自分に生まれ変わったあなたは、輝くこの世界で、これから今まで体験できなかった幸せな現実を得られるようになります。

たとえ離婚し、シングルマザーとして苦しんでいたとしても、過去、何度もひどい男性との恋愛を繰り返していたとしても、何度転職しても最悪の職場しか見つからなかったとしても……こうしたつらい過去は、もう終わったのです。

あなたはもう、こうした不幸に引き合う人ではなくなったんですね。

そして、こうして過去を乗り越え、不幸をつくり出していた自分の潜在意識を変えたあなた自身を、これからもっと幸せにしてあげましょう。それが、「あなたの祈り」です。

やわらかい、やさしい自分に対する祈り。

不信感や冷たい感覚ではなく、あなたというかけがえのない、世界にたった一人しかいない大切な命が、本当に花開いてほしいとじっと神様に祈るときの神聖さ。

自分に期待をかけすぎることなく、願いの重さを背負わせることなく、ただ静かに自分を信じてあげる。信頼してあげる。尊敬してあげる。そして、過剰な期待ではなく、広がりを持って願いが叶うことを信じてあげるのです。誰よりも、あなた自身が。

**私は私の願いが叶うことを、心から祈ります。**
**こんなにも健気で、努力家で、人から痛めつけられても愛を返そうと必死に生きてきた私という命。その命が、その価値を見過ごさせることなく、大切に扱われ、愛され、本来持っている資質をあますことなく開花し、人とつながること。**
**私の価値が認められ、私の努力が評価され、過去を乗り越えた涙の美しさが人に伝わり、誰よりもやさしく、誰よりも温かく包まれながら、ずっとずっと幸せに生きられますように。**

そして今、こうして本書を通じてあなたに出会えたことを心から感謝しながら……私にもあなたの幸せを祈らせてください。あなたが誰よりも大切にされ、誰よりも認められ、きれいな命を開花できますように。この祈りがあなたに届くことを願っています。

## 斎藤芳乃 さいとうよしの

マリアージュカウンセラー。女性の恋愛・結婚の問題を解決する心の花嫁学校マリアージュスクール主宰。「自尊心」の大切さを訴え、潜在意識にある不幸の根本的な原因を見抜き、現実を変化させる心の専門家として活躍中。東京や大阪で開催される講座には、1万5千人以上の女性が参加し、全国から受講者が訪れる。また、個人セッションの申し込みは、予約開始から5分で満席となる人気ぶりを博している。
著書に『一週間で自分に自信を持つ魔法のレッスン』(SBクリエイティブ)、『「愛されて当然」と思うだけで、自分史上最高の彼がやってくる。』(大和出版)などがある。

マリアージュスクールHP　http://saitoyoshino.net/
オフィシャルブログ　http://ameblo.jp/yoshinosaito/



Staff
デザイン／鎌田 僚
組版／アーティザンカンパニー
校正／西進社

恋愛、お金、人間関係、すべてが望み通りになる
# 愛の引き寄せ7つのレッスン

2016年6月1日　初版第1刷発行
　　　7月20日　　第3刷発行

著者　斎藤芳乃
発行者　滝口直樹
発行所　株式会社マイナビ出版
〒101-0003　東京都千代田区一ツ橋2-6-3
一ツ橋ビル2F
TEL　0480-38-6872(注文専用ダイヤル)
03-3556-2731(販売部)
03-3556-2735(編集部)
http://book.mynavi.jp
印刷・製本　シナノ印刷株式会社





ISBN 978-4-8399-5839-8